我们一起解决问题

松下幸之助管理丛书
（六）

日に新た——成功する心の持ち方育て方

日日新

松下幸之助寄语企业员工

［日］松下幸之助　著

刘善钰　译

人民邮电出版社

北京

图书在版编目（CIP）数据

日日新 ：松下幸之助寄语企业员工 /（日）松下幸之助著 ；刘善钰译. -- 北京 ：人民邮电出版社，2017.9（2023.6重印）
ISBN 978-7-115-46836-9

Ⅰ. ①日… Ⅱ. ①松… ②刘… Ⅲ. ①松下幸之助（1894-1989）－企业管理－经验 Ⅳ. ①F413.366

中国版本图书馆CIP数据核字（2017）第219714号

内容提要

从1953至1961年的8年间，松下幸之助为了加强与员工的交流与沟通，每月都在员工的工资袋里放一张自己手写的寄语卡片，就像写给员工的家信一样。他在卡片中所谈到的都是企业和员工们所关心和应该关心的问题，是员工应该懂得的道理和应该记住的工作准则。比如，应该对工作抱有怎样的态度？碰到困难与挑战时该如何去解决？如何提升责任心和工作效率？如何拥有团队协作精神和创新精神？对于这些问题，松下幸之助提出了极其宝贵的忠告与建议，给予了员工们真正的精神指导。

松下幸之助在卸任社长之际，将这些寄语卡片汇总成《日日新——松下幸之助寄语企业员工》一书。本书凝聚着深厚的人文关怀，是成就员工职业辉煌、提升企业凝聚力、建立企业文化的非常有价值的指导手册。本书适合企业经营管理者与在企业工作的所有员工阅读。

◆ 著 ［日］松下幸之助
译 刘善钰
责任编辑 许文瑛
执行编辑 呼斯勒
责任印制 焦志炜
◆人民邮电出版社出版发行 北京市丰台区成寿寺路11号
邮编 100164 电子邮件 315@ptpress.com.cn
网址 https://www.ptpress.com.cn
北京盛通印刷股份有限公司印刷
◆开本：787×1092 1/32
印张：7 2017年9月第1版
字数：120千字 2023年6月北京第13次印刷
著作权合同登记号 图字：01-2016-8613号

定 价：45.00元
读者服务热线：（010）81055656 印装质量热线：（010）81055316
反盗版热线：（010）81055315
广告经营许可证：京东市监广登字20170147号

出版者的话

在日本的企业界有四位传奇人物，他们分别是松下的创始人松下幸之助、索尼的创始人盛田昭夫、本田的创始人本田宗一郎和京瓷的创始人稻盛和夫。他们一般被称为日本的“经营四圣”。在这“四圣”之中，松下幸之助更是被尊为“经营之神”。

无论在哪个国家的企业界，能获得成功的企业家都不计其数，但能够提炼出经营之道的企业家却为数不多，能够成为众人推崇的“神圣”级别的人物则更是凤毛麟角。而松下幸之助，无疑在企业界建立起了一座丰碑。他不但创立了一家享誉全球的成功企业，而且提出了一套具有普遍意义的经营哲学。

松下幸之助一生获得的荣誉数不胜数，他在日本国内获得五次授勋；在国际上，获得荷兰、巴西、比利时、西班牙等国家的授勋或爵位。作为仅仅上过四年小学的人，他晚年孜孜不倦地著书立说，写了大量浅显易懂又富含哲理的文章。由于这些成就，1965 年，松下幸之助获得日本早稻田大学的名誉法学博士称号；1986 年，获得美国马里兰大学的名誉博士称号。不可否认，松下幸之助逝世后，松下集团的经营产生了种种问题，但这并不能抹去松下幸之助的成就和思想贡献。正如福特公司和通用公司的荣光虽然不复当年，但亨利·福特和艾尔弗雷德·斯隆却盛名常存一样，松下幸之助的实践、思考以及著作，都给后人留下了一笔宝贵的财富。

松下幸之助提出的“素直之心”和稻盛和夫提出的“敬天爱人”同样朴素，也同样都是我们经营企业的重要原则。稻盛和夫师从松下幸之助，所以二人的理念有许多地方一脉相承，他们都顺应时代趋势，从东方文化中汲取养分，发展出一套经营和处世的哲学体系，并在企业和社会中推广践行。他们骨子里都有一种与生俱来的大爱和使命感，始于事而不止于事，始于利而不止于利。因此，他们的著作中传达的是一种道而非术。

在互联网时代，创业不难，持续经营才是难题；在信息时代，获取信息并不难，甄别和决断才是难题；在物质文明高度发达的时代，生存并不难，拥有幸福感和平常心才是难题。我们惊讶地发现，这些难题在松下先生的著作中都有解答。

2014 年是松下幸之助诞辰 120 周年，同时也是他逝世 25 周年之际，其一手创办的 PHP 研究所，在松下第三代传人松下正幸的主持下，重新整理出版了松下的一批著作。这些著作均为松下亲笔撰写或者通过口述形式整理而成，这些书在日本甚至在全世界都影响深远，无数读者都曾有意或无意地研习过松下的经营理念以及人生哲学。

为了向国内读者系统、完整地介绍松下幸之助的管理理念和独特思想，也为了更好地面对当前企业经营的难题，我们精选了其中的八本著作，内容涵盖松下幸之助的哲学观、决断艺术、用人育人之道、经营之道、人生观、对未来领导者的建言，以及体现松下思想精华的“素直之心”和“日日新”，共八个方面 。

这八个方面传达的都是道，而不是术。术是生长在道上的一种方法，而道则需要我们躬身践行。知易行难，希望大家通过阅读这套书，都能摆脱既有观念、知识、经验和情感的束缚，修得一颗素直之心，发现事物的真相和本质，更好地经营企业与生活。

2017 年 5 月

卷首语

从 1953 年 1 月开始到松下幸之助辞去社长职务的 1961 年 1 月为止，松下社长每月都会在员工的工资袋里放一张寄语卡片。寄语卡片采用双色印刷，文字大约有 700 字，就像社长写给员工的家信一样。当时，松下电器进入快速发展的时期，公司员工人数倍增，资本金增加了约 3 倍，营业额也提高了约 5 倍。然而，松下社长与员工们直接见面和交谈的机会却大大减少，这种距离感让松下社长感到苦恼。他觉得需要想办法让员工了解公司的理念和自己的思想，让大家从工作当中感受到工作的价值和生活的意义。大概是出于这样的想法，松下社长才想出在员工每月的工资袋里放寄语卡片吧。

现在很多公司的经营者运用内部邮件等通信工具来向员工定期地发布信息，对这种做法你或许并不会感到新奇，但是在松下社长所处的时代，在这种事情上投入精力的经营者很少。松下电器当时就已经采用公司内部报纸或通告等形式向员工传达公司的经营方针或经营理念了。松下社长始终坚信公司经营的根本就在于员工能够齐心协力，同时企业的经营理念能够渗透到每个员工的行为中。

在寄语卡片里，松下社长经常会顺带一些季节性的问候，并尽可能用通俗易懂的语言来讲述工作的意义与为人处世之道，或者谈一些能够让员工们每一天都过得有意义的建议和心得。

松下社长给员工的寄语卡片里贯穿的是“日日新”的思想。他认为，大自然、宇宙是不断地生成与发展的，他说：“生成发展就是‘日日新’，旧的东西灭亡，新的东西产生，今天比昨天新，明天比今天新。”他呼吁我们要站在这样一种认识上，即我们是在这个无限持续生成发展的世界中进行企业运营工作的，我们要追求一种今天比昨天、明天比今天、各方面都“日日新”的经营理念。在寄语卡片里，看似无足轻重的留言里也随处可见“日日新”的思想，从中我们能够看到松下社长的姿态。他坚信，员工们在日常的工作和生活中，如果不拘泥于陈旧的想法与做法，用革新与创新的观点来看待事物、处理事情的话，那么企业必将走向成功。

本书在1963年以《与日月同在》的名称在松下电器内部出版。此次出版除使用了现代文字以外，还根据需要添加了注释，同时也对浅易表达背后所隐藏的松下思想和哲学做了注释，在书的最后部分还附上了松下幸之助的简略年谱。

希望你能够通过本书感受到“日日新”思想的魅力。

2015 年 7 月

PHP 研究所经营理念研究本部

前言

以前公司规模小、员工人数少的时候，我可以和每个员工见见面、说说话。现在公司规模变大了，我不可能把公司每个角落都转一遍。所以别说是跟我搭话了，就连我的面都没见过的员工也越来越多。

我感到很对不起我的员工，同时又颇感无奈，所以想出了这个写寄语卡片的办法。我打算每月至少给员工发放一次寄语卡片，通过这张卡片跟大家亲切地说会儿话，与我的照片一起给大家送去季节的问候。

这件事月复一月，从不间断，不知不觉已经持续了 8 年，真是光阴似箭啊！

借这次卸任公司社长的机会，我想把这 8 年来的寄语卡片汇总成书。再次重读这些内容，我感到每个月我并非刻意想说些什么新奇事，但是这些内容让我再次想起了 8 年的荏苒时光，深切感受到了 8 年岁月的痕迹。我觉得这既是我和诸位的历史，也是公司和社会的历史。

承蒙各位感兴趣的读者也来阅读这些寄语卡片，如果这些内容能带给您些许启发，并对您今后的新生活有所助益的话，我将感到无比荣幸。

松下幸之助

1963 年 5 月 5 日

目录

1. 心怀蓝天

2. 如小香鱼般朝气蓬勃

3. 修养的重要性

5. 相互体谅与关心

6. 保持两种心态

7. 相互交流

8. 有备无患

1.

心怀蓝天

（1）新年好

新春愉快，万事如意！

各位新年好！新年新气象，新年好心情！在新年到来之际，感觉什么事情都充满了喜悦！我今年也要怀着这份好心情精神抖擞地投入工作，想必各位也和我一样被这份喜悦点燃了希望吧？

其实，在这个世界上既有对任何事情都感到喜悦的人，也有满腹牢骚、经常悲观失望的人，并不是所有人都像我这般欢呼雀跃的。不过我想说的是，牢骚不满以及悲观失望乃失败之母，好不容易在某件事情上小有成就，如果你怀着不满和悲观的情绪继续去做的话反而会坏事。相反，乐观乃成功之母，是产生力量的源泉。当然这并不是说只要你保持乐观就可以什么都撒手不管，其实不论做什么事，怀着愉悦的心情、不断找寻光明的乐观心态才是最重要的。在过去的一年，如果你是在悲观忧郁的心情中度过的，那么请你在这个新年来临之际换个好心情吧！

每天都能使自己感到快乐是一件多么可喜可贺的事情啊！如果我们每个员工都能怀着愉悦的心情投入工作，相信进步一定会很显著，将这股力量凝结在一起，松下电器一定会取得更大的发展。

世间万事万物每日都在不断向前发展，我希望我们自己，还有我们的事业也能不断取得发展，这也是幸福和繁荣的源泉。在这接下来的一年里，祝愿大家心情愉快、工作顺利！

（1953 年 1 月 1 日）

延伸阅读

悲观与乐观

松下幸之助虽然称自己为“超级神经质”，但是他曾说：“我告诉自己，不要悲观，要做一个乐观主义者，所以在工作与生活中无论遇到怎样的困难，我都能一一克服，并坚持到最后。”

（2）喜悦和骄傲

我们是宝贵的公共财产

每一个人都有自己的生活目标和生活方式，我想各位也各自持有不同的观点和看法。尽管如此，我们近八千名员工能够有缘聚在松下电器一起工作，相信大家一定都是为了共同的理想与目标。

现如今，如果你用日本全国总人口数和我们公司营业额做一个对比便会发现，不论男女老少，平均每个人用于购买松下电器产品的金额已经超过100日元。这个数字说明我们生产出的产品得到了社会的广泛认可，这是可喜可贺的事情，也让我们深切感受到在松下电器工作的喜悦与骄傲。同时，我们也正在为社会大众提供着只有我们才能提供的服务，我认为我们必须要感谢社会。付出的越多，收获的也越多——这是社会繁荣的表现，我们也要不断提高工作效率，通过更多的付出、更多的收获，实现社会与企业的共同繁荣。这也是松下电器的伟大使命，以及我们八千名员工辛勤工作的意义所在。

今日的松下电器，已经成为社会发展不可或缺的重要力量，是全社会宝贵的公共财产。大家通过不断努力才走到今天，我们应该感到无比的喜悦与骄傲！我们要带着感恩之心，更加认真努力地工作。各位，这个月也让我们一起精神饱满地投入到工作中去吧！

（1953 年 2 月 1 日）

延伸阅读

产业人的使命

产业人的使命就是摆脱贫困。为此，必须不断地生产物资来创造社会财富。1932 年 5 月 5 日，松下幸之助将“使物资的价格足够低廉、取之不尽用之不竭，共建美好社会”这一目标作为企业的使命，并将松下电器的创业纪念日定在了这一天。

（3）心怀蓝天

轻松愉快地工作

朋友们，春天终于来了。严寒日渐远去，在温暖的阳光下万物复苏的春天正向我们走来。

在这个季节里的某个晴朗的日子，深深地吸一口气、仰望蓝天，实在令人心旷神怡。春天给人以希望，仰望蓝天则让人们的心胸更为宽广。

每个人的思想、性格以及成长环境都各不相同，有的人对人生充满期待，也有的人哀叹悲观。但不论什么时候，我希望大家都能够心怀蓝天，不要被一些小事所牵绊，不要因微不足道的事情而闷闷不乐，我希望大家都能怀着如春日晴空般的心情轻松愉快地开展工作。

春天终于来了，让我们一起好好享受这个美好的季节吧！

不过我觉得，我们在享受春天的同时，也不能让自己过度沉迷。就像喝酒，在微醉的时候最是身心愉悦，如沐春风。而我们一旦沉迷于酒精不能自拔，就有可能与人发生口角，甚至带来不必要的麻烦，那就得不偿失了。同样的道理，我们也不能一味沉迷在这美好的春天里，只要学会适当的享受，调整好自己的心态，我们就可以找到新的灵感、产生新的希望，迎来自己百花齐放的人生。

心怀蓝天，憧憬我们如春日晴空般的人生！

这是多么美好的季节！在这个季节里，让我们昂起头望向蓝天，怀着轻松愉快的心情投入工作吧！

（1953 年 3 月 1 日）

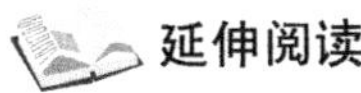

延伸阅读

百花齐放

松下幸之助尊重每一位员工的个性，力求让他们在发挥各自才干的过程中不断成长。他常说这样一句话：“我衷心地希望你们的人生能如百花齐放般绚烂，都能得到世人的歌颂。”

（4）保重身体

健康是个宝

如果没有真正经历过贫困的生活，一般人很难理解贫困的生活究竟有多么艰辛。同样的道理，一个身体健康的人也很难真正理解那些疾病缠身之人会有多么痛苦。我觉得人只有到了真正患病的时候，才能真正开始明白生病有多么难受，才能理解因病卧床之人的心情，并对他们产生强烈的同情心。

从这个意义上说，我认为一个人即使不幸患病了，也是一种让我们从中了解到人生的深度和广度的宝贵经历，因此也不必太过悲观。不过话说回来，我还是希望大家身体健健康康、无病无灾，没有比健康更重要的东西了，健康是任何东西都无法替代的宝物。

朋友们，春天是令人感到轻松愉悦的季节，请大家尽情享受这份美好，愉快地度过每一天吧！不过也要适度，如果你通宵玩乐，醉心于赏花，沉溺在不健康的娱乐方式中，就会损害自己的健康，甚至生病，如此难得的春日美景也就烟消云散了。

所以请大家务必保重身体。我还每天精神抖擞地做保健操呢，也请大家在工作时做到张弛有度、劳逸结合。从这个月开始，让我们留意自己的身体健康吧！

（1953 年 4 月 1 日）

延伸阅读

注重健康管理

松下幸之助在 26 岁前就先后失去了父母和七个兄弟姐妹，他们都是病故的，而且松下本人也是体弱多病的体质，所以他十分明白健康的重要性，也比别人更注重保持身体健康。

（5）欢迎新职员

必须要做的工作

今年，我们迎来了202名具有大学学历和259名具有高中学历的新职员，这是我们迄今为止招聘员工最多的一年。他们的加入为我们注入了新鲜的血液，增添了新的力量，实在可喜可贺，令我们对未来充满信心。

最近，我经常听到社会上的舆论说，我们松下电器正在非常积极地致力于集团规模与业务的扩大。外界也许会认为我们正为此做着特别的努力。然而，松下电器并没有刻意去扩大公司的规模、扩展业务内容以及获得更多的利益，我们不过是心无旁骛地做着自己必须要做的事情而已，每天不断地努力工作。

我们经常深入地思考作为一个人必须要做的事情是什么？为了国家的繁荣和产业整体的发展我们又该做些什么？我们基于这些思考而努力工作着，这已成为我们的巨大动力。同时，这种精神也获得了业界、客户以及公司内部的广泛认可，它所带来的结果不正是让外界觉得我们非常积极进取吗？我们自身也充分认识到了这一点，在将这种精神充分地传递给新入职员工的同时，也让我们秉持着热情与理解的心态去接纳他们吧。

各位，现在是新叶飘香的 5 月，值此迎来新员工之际，我们也要做好新的思想准备，以崭新的态度，推动我们的事业不断向前发展吧！

（1953 年 5 月 1 日）

延伸阅读

为了国家繁荣与产业发展

松下幸之助用浅显易懂的语言向员工阐述了“产业人的使命”。他说：“每一个劳动者所付出的劳动并不仅仅是为了得到报酬，也是为了社会的发展。”

(6)喜迎和平

为了彼此的生活

各位的身体还好吗?我也和你们一样,每天都精神抖擞、干劲十足地工作着。可是每到梅雨时节,身体健康更容易受到影响,希望各位也要注意自己的身体健康。

最近我总觉得,在世界的变幻当中似乎越来越能看到和平的曙光,我认为这真是令人高兴的事情。当然,和平的背后也有许多复杂的局势,但总而言之,恢复和平就是值得普天同庆的事情。

然而我听社会上有一些人说,一旦恢复和平,经济就会变得不景气,利润也会减少,因此非常苦恼;一旦迎来和平的局面,他们就会面临许多的问题。

可我认为这是极大的错误。因为这种想法其实是把战争看作赚钱的工具,想发战争财,但是对于人类而言,不得不说这是一种非常不幸的想法。

我们必须以一种追求和平的心态,创造一个为了我们彼此的生活幸福而不断制造产品,也不断消费产品的社会。也就是说,不是为了战争而进行生产，而是为了让彼此的生活日益富足而进行生产和消费。只有这样，我们才能够真正安安心心地工作、好好地享受生活。

各位，让我们以这种思想工作下去吧！通过我们的努力将这种思想向外界推广，我认为这也是松下电器的崇高使命。

（1953 年 6 月 1 日）

延伸阅读

对 PHP 的感怀

松下幸之助在 1946 年开展了 PHP 活动。PHP 即英文 Peace and Happiness through Prosperity 的缩写，意为“通过繁荣带来和平与幸福”。

（7）中央研究所成立

通过研究带来繁荣

今天我想为大家介绍一下新建成的中央研究所。

一直朝思暮想的中央研究所终于建成了，虽然有许多地方还有待完善，但是这个占地面积约 12562 m^2、建筑面积约 2314 m^2 的建筑非常宏伟壮观。今后我们将在这里开展关于电器产品的所有研究，推进我们的事业不断向前发展。

无论什么事情，进行深入研究都是最重要的。战前，人们普遍认为人的寿命只有 50 年，但是战后日本人的平均寿命已经达到了 60 岁。虽然生活得都很辛苦，寿命却延长了 10 年。这其中的原因有很多，但最重要的一点还是在于战后出现了大量新药，使得原来的许多不治之症不断被攻克。正是通过对医学的不断研究，人类的寿命才能得以延长。因此，我们也有必要拿出一部分精力在各个方面开展研究工作。

没有探索精神的地方就没有人类的进步。中央研究所将通过对电器产品的研究为人类的繁荣、行业的发展做出自己的贡献。也就是说，我们要开发出新型的电器产品，并把它们推向全世界。

让我们怀着这样的信念，祝福我们的研究所有一个良好的开端，同时，让我们一起守护它并把它发展壮大吧！我相信我们一定能够制造出更加优质的产品。

（1953 年 7 月 1 日）

（8）重整旗鼓再三年

切勿麻痹大意

大家最近过得还好吗？天气逐渐变得炎热起来，希望大家多多注意身体，小心中暑。

三年前的今天，松下电器被允许放开所有限制，恢复了原有的生产并开始了自由的企业活动。这三年来我们一步一个脚印，不断取得进步和发展，受到了社会的广泛关注。回忆起这一切，我感到无限感慨。

从前我就一直强调“好事多磨”和“切勿麻痹大意”等思想。因为人们在事情发展顺利的时候，很容易疏忽大意、麻痹松懈。这时如果不警惕的话，往往就会使难得的好事变成意想不到的灾难。

为此，在上个月的 7 月 1 日，我召集了公司的三百多名骨干员工开了一次座谈会，在对公司骨干员工们至今为止的辛勤付出表示衷心感谢的同时，我还对大家说：“在此时不能麻痹大意，要保持谨慎，再继续努力三年，希望大家为松下电器的重建再努力三年。”相信各位也都听说了这些详细内容，我希望大家能够整装待发，带着新的希望，完成松下电器的企业使命，为社会做出更大的贡献。

我将与大家一起努力。希望大家能够保重身体，在接下来的三年里，继续努力、稳步前进。

（1953 年 8 月 1 日）

延伸阅读

松下电器的重建

松下幸之助在 7 月 1 日的经营座谈会上强调了强化经营体制的必要性，并宣布预定在秋季举办的创业 35 周年纪念活动延期举行。由此可以看出松下幸之助在经过深思熟虑之后想要巩固经营基础的决心。

（9）星空下

平静从容的心态

连日来室外的天气虽然很热，但早晨和傍晚的温度已经变得很凉了。不知从哪儿传来虫鸣声，告诉我们秋天马上就要到来了。

在这群星闪烁下的夜晚，结束一天的工作、吹着清爽微风的时候，谁都会觉得心旷神怡吧。白天越是炎热，一天的工作越是紧张，当你洗个澡，冲去一天的热汗执扇纳凉时，就越会感觉心情如在天堂般舒爽。这也是每个人都能体会到的生活乐趣啊！

此时，一种莫名放空的心情、冲过澡之后的清爽的感觉，还有结束一天工作后放松下来的心情交织在一起，幸福感一定会爆棚，或许你还能从中激发出一种对未来的斗志。我觉得在这些看似微不足道的时刻，蕴含着许多人生的智慧值得我们去玩味。

这也和我们看到路边的小花就能感受到放松，听到小鸟的鸣叫声就能得到某种心灵的愉悦那样，我觉得这些感知都是我们生活中不可或缺的宝贵情感。

但是另一方面，这些情感绝不是那些每天忙忙碌碌的人能够体会的。遗憾的是，我在忙碌的时候也经常忽略身边的美好事物，失去那一份平静与从容，或许是因为我的内心修养还不足吧！所以，让我们从现在开始，无论生活怎样忙碌，都争取做一个从容不迫、能欣赏身边美好事物的人。

各位，最近我们刚迈出三年计划的第一步，想必大家都非常忙碌。但大家也要注意保重身体，时不时仰望星空，培养一种平静从容的心态。

（1953 年 9 月 1 日）

（10）豁达的思想

互相帮助

炎热的夏天过去了，让人心旷神怡的秋天终于到来了，现在是一年中最好的季节！清澈的空气、万里无云的蓝天，有一种整个身心都受到了洗礼的感觉。这种时节，我觉得我们大家的心情也都变得平和了。

但是，一个人想要一直保持这种豁达的情绪是非常困难的，人们往往执着于一种立场、局限于一种看法。如果用这种偏执的思想来判断事物，正如戴着有色眼镜去看待事物，就不能认清事物的本质。这不仅仅是个人的不幸，有时也会给他人带来不幸。因此我们必须要相互提醒，时刻保持一种客观的态度。话虽如此，这却是极难做到的事情。我们偶尔会失误，这也是人之常情。我认为在这种时候，我们必须互相协商、互相指导，也就是说我们要怀着慈爱的心，互相照顾，互相帮助。

憎恨不会有好结果，友爱才能使人们生活得更加美好。对我们来说，没有比双方互相憎恨更可悲的事了，我认为憎恨也是一种狭隘的思想。相反，没有比双方互相帮助、共同创造美好生活更美妙的事了。

各位，此时是令人心情愉悦的秋天，让我们就像这万里无云的蓝天，保持豁达的思想，去实现作为生产者的光荣使命吧！

（1953 年 10 月 1 日）

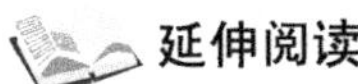

延伸阅读

素直之心

松下幸之助提出了“不受任何局限的素直之心”这种思想。所谓“素直之心”，即“宽容无我之心、虚心受教之心、安于本分之心、且动且静之心、通晓真理之心”。

（11）看问题的方法

从更高更远的角度看问题

朋友们，这次的台风[①]真是破坏力强大呀，估计各位的家里或多或少都有受灾吧?

尽管大阪地区幸运地偏离了台风中心，但风速也达到了29米/秒，这相当于100公里的时速了，比特快列车“燕子”号还要快。如果能把这次台风所带来的降雨量全部转换成电力，有将近1200万千瓦。目前关西电力公司的水力发电设施中，最大的电力输出也只有120万千瓦，也就是说，此次的雨量可转化的电能相当于关西电力公司水力发电设施最大电力输出的近10倍!

但是，具有如此巨大潜能的台风，并没有给我们的日常生活带来好处，反而让我们蒙受巨大损失。如果能把这些能量巨大的风力利用起来，再把台风带来的巨大雨量进行有效利用，将风力转化成动力、将降雨转化成电力加以利用的话，我们的生活将变得多么富足啊！如果这件事能实现的话，台风不仅不会使我们蒙受损失，还会成为给我们的生活带来许多益处的宝贵资源，再也不会被当作灾害了。这样一来，为了利用这项宝贵资源，将会有

“台风产业有限公司”之类的企业诞生，我认为这样也是很好的。如果我们都以这种思维方式去考虑问题的话，世间所有的事物都能成为我们的宝贵资源。

最关键的是看问题的方法。如果只从一个角度去看待问题，就不会有我们彼此的幸福了。朋友们，让我们培养自己从更高更远的角度去看待问题的能力吧！

（1953 年 11 月 1 日）

① 指 1953 年 9 月 25 日侵袭日本纪伊半岛并带来巨大灾害的 13 号台风。

延伸阅读

认识事物的本质

会带来严重灾害的台风，其实也是一种巨大的自然能源。如果能充分认识到这一点，我们一定能找到有效利用台风的途径。在“素直之心”的思想中，对这一问题有更为深入的解读。

2.

如小香鱼般朝气蓬勃

（1）迎接新年

找出应对困难的方法

各位新年好！我想大家都在欢欣鼓舞地迎接新年吧？不管多大年纪，正月对我们来说都是美好的，它让我们的心情焕然一新、神清气爽，让每一个人在新的一年里都怀有一个新的愿望。大概这就是正月对我们的意义所在吧。

回顾去年日本的经济发展，我认为今年的经济形势可能不会多么乐观。虽说刚刚迎来新年就说这样的话有点为时过早，但很多地方已经显现出世界经济可能会陷入萧条的征兆。单看我国的贸易情况，1952 年的贸易进口额约 20 亿美元（注：按当时汇率约合 7200 亿日元），贸易出口额约 10 亿美元（注：按当时汇率约合 3600 亿日元），进出口贸易的 10 亿美元差额尽管已经用其他方式弥补上了，但在 1953 年，这个差额比当初预想的更为糟糕，出现了超过 1 亿美元（注：按当时汇率约合 360 亿日元）的赤字，而且预计今年赤字数额还会持续增加。此外，国内市场的生产过剩现象也愈演愈烈，市场竞争激烈，经济环境也将变得更加恶劣。在这样的形势下，我们真的不能太过乐观。

尽管如此，我们也无须悲观。虽然今年必定是困难重重的一年，但兵来将挡、水来土掩，找对方法、稳步前进，我们只需做好自己的事情，自会从中找到乐趣，并能感受到快乐。我们要做的，是在正确认清事物的同时找出应对困难的方法，相互理解、携手并进，做好自己该做的事。

各位同仁，今年的开业出货仪式②已经圆满完成。从明天开始我们都要更加努力地工作，为了让我们在今年能够取得更多的成就而努力奋斗吧！

（1954 年 1 月 4 日）

② 指新年开业的第一天所举行的出货仪式。松下幸之助从 1931 年开始将其定为全公司的商业活动并于每年举行。

(2)生产更优质的产品

展现我们最拿手的本领

当我们还在说着“恭喜啊”“新年好哇”的时候，正月已经悄悄过去了，时间的流逝真的很快啊。让我们打起精神，以稳健的步伐继续前进！

就像我之前说过的那样，预计今年经济会很不景气，对此我们需要有相当的觉悟。不过我认为，即使经济不景气也还是会有应对它的办法。经济景气的时候，收入不断增加，所以我们购物时不会认真考虑商品的价格，经常大手大脚地花钱。一旦赚钱变得不容易，我们在购物的时候就会考虑很多，希望买到性价比更高的商品。因此，一旦经济不景气，人们会更多地去关注商品的质量好坏以及服务是否周到等问题，最后在市场上存活下来的往往便是那些质量与服务都做得很好的企业。

所以，今年我们必须拼尽全力生产出更为优质的产品，并且在服务方面也要做到比别人更好才行。展现我们最拿手本领的时候终于到来了！

回顾我们的发展历程，松下电器经常能够克服类似这样的恶劣处境，并不断地取得成功。我看到了各位的决心与努力，也了解你们在思想上已经做好了充分的准备，因此我依然认为，这次我们会再次克服困难、取得成功。但如果我们麻痹大意，就一定会在经济不景气的浪潮中被淹没。可以说，我们现在正处于一个巨大的分水岭面前。

各位员工，让我们一起努力生产出更为优质的产品，提高我们的服务水平，发挥出我们的真正实力，让松下电器在今年再一次实现飞跃发展吧！

（1954 年 2 月 1 日）

延伸阅读

经济繁荣好，经济萧条更好

松下幸之助时常提醒员工做好这样的心理准备：经济越是不景气，就越是考验企业的经营水平。经济萧条时才是检验平时努力程度的最好时机。

(3)享受春天

万物复苏的季节

直到最近，残留在山上的皑皑白雪，在温暖的阳光照射下才悄然溶化，樱花的花蕾也含苞待放，春天终于来了！在有些地方已经能看到早开的彼岸樱那星星点点的美丽花瓣了吧？

无论冬天多么寒冷、无论冰雪多么坚硬，在春天温暖的阳光下也会不知不觉地变得柔软，草木萌芽、花蕾绽放，呈现出一派欣欣向荣的景象。春天的确是万物生长的季节呀！

如此美好的春天，我觉得我们既要充分地享受这美好的季节，也要让自己努力地成长。享受春天与享受人生是相通的。在漫长的人生道路上，一定会有不顺心的时候，也会有不快活的时候，如果我们能做到像享受春天一样去享受人生，那么我们的心情就会变得像春风一样柔和，就能感受到生活的意义。正如山野间的树木一年一年地增加年轮一样，我们每一个人的心灵，也会一年一年地不断成长。

一定要记得，享受春天就像享受人生。同时，享受人生也如同享受春天。

朋友们，春天是一年中最美好的季节，此刻就让我们尽情地释放仍蜷缩在寒意中的身心，充分地沐浴阳光，惬意地享受春天吧！让我们养精蓄锐，蓄势待发。

（1954 年 3 月 1 日）

延伸阅读

亲近四季

松下幸之助在《开辟道路》（道をひらく）一书中这样形容四季的难能可贵："有春、有夏、有秋、有冬，日本是一个多么美好的国家啊！"亲近四季，让我们用心去感受，并充分地享受四季的美好，这直接关系到一个人的情感与心灵丰富程度，同时也可以让我们的身心得到放松，使我们可以更好地投入工作。

（4）换一种方式思考

经济萧条也有好处

朋友们，春天终于来了。一阵暖暖的春风吹来，使人感到身心愉悦，这么美好的季节实在让人陶醉。

但是，如果你每天看报纸的话，就会知道连日来都是些日本经济形势日益严峻的报道，实在叫人郁闷。不同于这和煦的春风，在我们身边刮起了一股经济萧条之风。日本的生产成本过高导致出口竞争力下降，出口额持续萎缩。因此必须想办法降低物价水平，调节经济。另一方面，普通民众的收入减少、消费越来越精打细算，直接导致购买力下降，说起来真是令人烦恼。

然而换一种方式思考，我却认为时不时出现的经济不景气对于我们来说，也不全是一件坏事。尽管我们了解很多前人的经验与教训，但我们如果不亲身经历一番，是不会轻易做出改变的。正如“好了伤疤忘了疼”这句俗语所说，我们总会糊里糊涂地重复同样的错误。

因此，不景气虽然不是一件令人高兴的事情，但由此也可以让我们重新审视自己。如果我们换个角度来重新思考，人们在经济不景气时，可以调整自己，以更为积极的心态开启新的征程。

松下电器也是抱着这样的想法，通过合理的改进措施来降低成本，在不景气时期谋求更大的发展。作为松下电器的一名员工，我希望大家都能以这种心态去妥善处理今后出现的各种问题。

（1954 年 4 月 1 日）

（5）团结一致

稳步前进

今年将会是困难重重的一年。这一点我在今年年初的经营方针发布会上就强调了很多次，如今的经济形势也确实在恶化，许多社会问题都有待解决。与此同时，业界的竞争也日益激烈，经济前景不容乐观。可以说经济已经呈现出萧条的状态。

在经济萧条的环境下，我们公司也必将会受到影响。在此时，最重要的是大家的冷静判断与团结合作。如果船长能够沉着地把握航向，船员能冷静下来采取一致行动，无论遇到多大的暴风雨，这艘船都能够稳步顺利前行。与之相反，如果船员们慌张地进行判断并擅自采取行动，就会破坏团队合作，阻碍船的前进。

公司的经营也是一样的道理。如今是公司发展的关键时期，我们每天早上所朗读的“友好团结的精神③”正是此刻的我们最需要的。

不知不觉樱花已经飘落，到了嫩叶出新的时节。嫩叶充满着生机与活力。希望我们的公司也能够像那嫩叶一般，保持勃勃生机。为此，我衷心希望各位能够发挥出自身的聪明才智，紧紧团结在一起。

（1954 年 5 月 1 日）

③ 指 1933 年 7 月制定的“松下电器应当尊奉的精神”之一。

延伸阅读

“友好团结”

松下幸之助认为，日本传统精神中的“以和为贵”思想具有很重要的意义。贯彻“以和为贵”“友好团结”的思想，是每个优秀组织的铁则。

（6）如小香鱼般朝气蓬勃

在激流中才更能感受到活着的意义

到了山清水秀、绿意盎然的季节，山谷间的溪流中闪烁着星星点点的银光。从 6 月 1 日起，捕捞香鱼的禁令就能解除，相信我们当中一定有部分人期待着在周末拿着钓竿，去享受一整天的垂钓乐趣吧。

正如大家所知道的那样，香鱼喜欢栖息在清水中，尤其喜欢水流湍急的地方。水流越是湍急，它们越能活力充沛、精神抖擞地来回游动。仿佛只有在激流中才能让香鱼感受到游动的快乐、生存的价值。

我想，如果我们可以用小香鱼那样的心态来面对人生，那么无论面对怎样的困境，我们都可以克服吧！虽然到现在为止，我对当前经济不景气的认知以及应充分做好哪些心理准备等问题强调了很多遍，但我还是衷心希望大家在经济萧条期间也能保持内心的生机勃勃，以充满活力的心态去面对挑战。

如果我们生活在死气沉沉的社会里，就会变得迟钝，更不会产生智慧。如果社会变动得越来越激烈，我们的神经也会越来越紧绷，活动也会越来越敏捷，这样大家就能从中感受到生活的意义、理解工作的价值，我们公司的发展也就指日可待了。

这真是个美好季节啊！请大家在注意身体健康的同时，也培养自己如小香鱼般朝气蓬勃的心态，精神饱满地投入工作吧！

（1954 年 6 月 1 日）

延伸阅读

遇到困难也不退缩

只有在面对困难的时候，一个人的价值才真正显现出来。松下幸之助常说："面对困难时通过改变视角与思考方式来转变对困难的认知，并以坚强的意志不断努力向前，反而会成为我们进步的阶梯。"

（7）享受工作

让自己变得幸福的心态

阴郁的梅雨时节一过，马上就进入到了夏季。天上堆积的积雨云，经常带来一场场短暂的雷阵雨，使炎热的天气顿时清爽起来。

在这酷暑难耐的季节里汗流浃背地工作，实在不是件轻松的事情。身体会时常感到疲倦，有时甚至会感觉不舒服与痛苦，并且人在这个季节也很容易患病。所以，大家要好好注意自己的身体与健康才行。

虽然这么说，但仅仅埋怨天气炎热是没有意义的，我们要做的应该是转换心态，变苦为乐，这种心态取决于我们的思考方式。我觉得只要在心理上做些调整，就能在酷暑中感受到幸福与乐趣。

打个比方，咱们当中也有在炎炎烈日下打棒球的人吧。旁观的人看到打棒球的人大汗淋漓、脸被晒得通红，就会认为很累、很辛苦，很值得同情。但是打棒球的人却根本不在乎，完全不觉得有多么辛苦，反而会觉得很开心、很享受。

我们在工作中能不能也秉持这样一种心态——像享受打棒球一样去享受工作。如果我们能保有这种精神，它将为我们彼此的幸福与社会的繁荣提供强大的动力。

实在是炎热的季节啊！但我希望大家能把酷暑当作一种考验，磨炼我们的意志，让我们生机勃勃地继续工作！

（1954 年 7 月 1 日）

延伸阅读

专心致志

松下幸之助在大阪电灯株式会社工作时，有一次在古寺的顶棚做布线工作。回忆起当时的场景，他说："当时是三伏天，酷暑难耐，而且顶棚满是灰尘。但是当我专心于工作的时候，我也没觉得有多么辛苦。我完成工作从顶棚下来的时候，吹来一阵阵凉风，我顿时感受到了一种从未有过的爽快与充实。"

（8）用自己的力量

信念和判断力

朋友们，你们都好吗？天气真是热呀！大家一定要好好注意自己的身体健康，千万不要生病了！我的身体还算健康，只是一想到如今公司的经营面临困境，我就开始坐立不安。

这个月我想和大家聊一聊如何才能让自己成为一个出色的人才。其实这也并不是很难做到的事情，只要大家能够做到用自己的眼睛看清事物的本质、用自己的头脑明确分辨出是非与善恶。

都说一马疯则千马狂，那是因为马会成群结队地跟随在作为领头马的身后，如果领头的马发疯的话，其他的马会随着领头马一起发狂而东跑西窜。

难道我们就没有这样的倾向吗？没有认清自己到底应该怎样行动，没有明确什么才是正确的认知，只是一味地人云亦云、随波逐流，这样是绝对不行的！

如果其他人犯了错，我们自己绝不能让自己跟着犯错——我希望大家能够拥有这种坚强的信念和正确的判断力。如果能将这样的人团结在一起，就不会有克服不了的困难。

各位，我们现在正处于困难的时期，我们应该对眼前的事物有一个清晰的认识，让我们用自己的力量守护我们的公司，保障公司 1 万多名职工的生活与福利吧！

（1954 年 8 月 1 日）

 **延伸阅读**

采用本部—事业分部体制

1954 年 8 月，松下电器改组为 4 个本部 10 个事业分部的体制。虽然松下幸之助为了明确责任、培养人才，之前采用了事业部体制，但是随着事业部数量的增加，已经难以全部直接管理。新体制是对不断壮大的公司所采取的不得已的对策，是为了提高公司的管理水平，加强员工的凝聚力。

（9）“绝不会……”的想法不能有

绷紧心神

今年夏季的气温低于多年平均值，水稻收成令人担心。尽管之后的气温回升使得一部分稻田有所好转，但是东北和北海道的冻灾并不是那么容易解决的，水稻田前景仍是不容乐观。经济不景气也完全不见好转，并且有越来越严重的趋势。

我本是一个乐观主义者，对于迄今为止经历过的各种经济不景气，从来没有过任何悲观。但是对于如今的状况，就连我也没法乐观起来。前些天，那起长期劳资纠纷的最终结果是有名的钢铁公司④破产了。我在阅读关于该事件的相关报道时，看到有这样的记述：“正是员工这种‘公司这么大，绝不会破产’的想法最终使得公司破产。”确实，公司越大，这样的危险性也越高。

我们公司也是一个大公司，如果我们过于依赖公司的规模，也会困难重重。大公司只要稍微不注意，就会产生巨大的损失。如果我们公司每名员工在工作中每天浪费 10 日元，那么一年将产生 3600 万日元以上不必要的损失。想想都觉得可怕，希望大家也能清楚认识到这一点。

我们应该在这个时候提高警惕、减少浪费、团结一致，共同克服经济萧条！

（1954年9月1日）

④ 指当时发生的“尼崎制钢所事件”。陷入经营不善的尼崎制钢所在工会组织的长期罢工下，被迫开出空头支票而导致企业信用受损，最后与神户制钢合并，引起了社会的广泛关注。

（10）迎秋

静下心来认真反省

炎热的夏天已经过去，我们迎来了爽朗的秋天。可是，近来政界的动向却并未因此而变得明朗。政治学家们似乎已经忘记了自己的使命，相比制定对国家有利的政策，他们更优先考虑自己所属政党的利益，完全是本末倒置。放眼当今国内外的发展形势，我们应该明白不能再这样下去了。

前些天，听从南美洲回来的人说，现在南美各国发展迅猛，巴西圣保罗等城市宏伟的建筑物让人恍若置身于纽约，所修道路的宽阔程度甚至优于美国。南美各国在经济上也呈现出欣欣向荣的景象，正在迅速地发展成为富裕的国家。我们绝对不能再这样稀里糊涂地继续下去了。

不仅仅是政治家们，就算普通的国民也应有所觉悟，并反省自身。近几年来，人们过于强调自我，不能以开阔的视野来接纳异己，即缺乏所谓的“宽容之心”。为此我们产生了许多无谓的纷争，使我们的国家逐渐陷入一种贫困的窘境。这样发展下去，我们的国家不但不会进步，或许连排名的资格都将失去。

我们作为国家的一分子，国家的未来与我们息息相关，我们应不断地反省自己、提高自身觉悟。为了国家能够实现繁荣发展，大家应静下心来思考自己到底应该做些什么。

（1954 年 10 月 1 日）

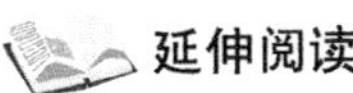

延伸阅读

忍耐和宽容

这个世界就是由善恶美丑相互混合所组成的。松下幸之助在《开辟道路》一书中说道：“人与人之间是相互依存的关系，我们以此来经营着每天的生活，进行着每天的工作。这个世界不光只有好人，也存在有各种复杂的人物与关系。因此，我希望我们都能有一些忍耐与宽容之心。”

（11）我们的责任

不能忘公

正值这个秋高气爽、宜工作宜锻炼的季节，各位近来可安好？

虽说天气变得清爽了，可这世间却并未见一丝清爽。诚如各位所见，政界一如既往的混乱，经济形势也不容乐观，有很多问题需要解决。在这种环境下，我们必须要坚定自己的信念，采取明智的行动。

企业是属于社会的，在这里工作的职员、家属、股东、客户、供应商以及相关的企业与个人，对于社会而言都负有重大的责任与义务。因此在企业工作的人员必须要有一定的公共意识，只考虑自身利益而左右企业的行为，与政治家罔顾国民、只顾自身利益而玩弄政权的行为一样是不可饶恕的。对社会应尽的义务与责任，企业绝对不能等闲视之。

但近来的社会风气是大家只关注自己的利益，缺乏广阔的视野，易做出不负责任的行为。这样发展下去我们就不能实现社会繁荣、个人幸福的理想了，在此我劝诫大家及时纠正自己。

在此困难之际，希望大家注意身体健康。让我们在正确的思想指引下，团结一心、竭尽全力，努力工作。

（1954 年 11 月 1 日）

（12）年关

考虑理想状态

今年只剩一个月的时间了。可能大家还很年轻，所以没什么感触，但像我这样到了60岁后，就会感到时间过得飞快，眨眼间一年就这样过去了。

我年轻的时候就一直希望自己在50岁时能够结束做了一辈子的工作，好好享受个人生活。但是我在50岁的时候刚好碰上了战争，这个希望也就破灭了。随后又投入到战后的社会重建工作，不知不觉又过去了10年。到了60岁的话，这回我一定要……我依然这样期待着。然而，自己真到了60岁时，却赶上了经济不景气，在我为了应对不景气而绞尽脑汁的时候，年末又来了。现在又为了年末资金周转而苦恼，今年也将结束了。

所谓人生，充满了我们想象不到的各种变数。也许直到死我都会被各种各样的事情纠缠，无法如自己所愿地去生活，但这也可以说是人生的另一种姿态吧。

多亏最近采用了新的职务分工制度，每个人可以承担起各自的责任，使我们可以团结在一起顺利地完成工作，所以我又有了一个新的希望，想认真考虑一下自己的下一步打算。

不管怎样，年末都是人生的一个节点。请大家值此年末之际，对过去这一年做最后的总结，然后充满希望地迎接新年的到来吧！

（1954 年 12 月 1 日）

延伸阅读

经营者要做到提出适当的建议

松下幸之助说："经营者在关键时刻提出的恰当建议能够促进公司员工的自我觉醒，为处在困境中的公司开辟出一条新的发展道路。所以在某种意义上说，经营者要时刻保有提出适当意见或建议的能力，这很关键。在新的职务分工制度实施一年之际，希望每名员工都能重视起对这种意识的培养。"

3.

修养的重要性

（1）初春寄语

在新的人生道路上前进

大家新年好！

喜迎新春，祝贺大家身体健康！新年新气象，新年新希望！这个新年是我迎来花甲之后的第一个新年，所以心里涌出许多与过去不同的感慨。在我所经历的60年时间里，我切身感受到如果没有众多朋友的大力支持和帮助，我不可能平安地走到今天。

所以我想借此机会说出我的愿望。我希望自己像“新生儿”那样，在接下来的人生里获得重生，我要拿出更多的勇气，更加坚实地把我的第二段人生走下去。

大家在接下来的日子里大概也会遇到各种各样预想不到的事情，这种时候请大家不要垂头丧气，一定要始终坚持不懈、认认真真地走属于自己的路。心中怀有这样的态度，一定有益于你们的人生，这也会让大家真正认识到人生的意义。让我们精神抖擞地迈向新的一年吧！

（1955年1月4日）

3. 修养的重要性

延伸阅读

日日新

松下幸之助的人生观、世界观的根源都是出自“世间万物无一不是日新月异”这一思想。松下幸之助认为世界是不断生成和发展的，因此我们应该努力让自己以更好的姿态去追求更高的进步，要时刻以最好的精神状态与创新的精神去努力工作。

（2）满怀激情，常怀谦虚

切勿自掘坟墓

在一声声“恭喜、恭喜”中，正月眨眼间就过去了，我们已经听到了2月到来的声音。差不多也该收收心、鼓起干劲投入工作了。

今年，从精神饱满地送出第一批货的新年开业那天开始，不知为何，我总感觉对未来充满信心，内心也干劲满满的。虽然市场行情与通货紧缩的局面并没有改变，但是较去年相比已经好很多，因此我就想着，我们公司在今年能够实现飞跃式的发展也说不定，我现在的心情既紧张又充满了期待。

但是，无论自己如何的感觉良好，我们公司能发展到何种程度并不完全由我们自己决定，而是由这个社会、这个世界共同决定的。所以我认为，我们在对自己的工作保持热情的同时，也要对这个社会常怀谦虚之心。若是失去这种心态，我们就会变得自以为是，那无异于自掘坟墓。

在刚刚过去的1月10日，公司举行了本年度经营方针发布会，会议的内容⑤我想大家都已经知道了。在接下来的11个月里，希望大家团结一致、奋发向上，取得更大的成果！

（1955年2月1日）

⑤ 指松下幸之助在年度经营方针发布会上宣布了“坚持在企业经营中集思广益、坚持公正公平的竞争、坚持生产技术与品质的提高”等管理方针。

延伸阅读

社会决定企业的发展

某银行高管问到有关松下电器的业务扩大的问题时，松下幸之助作了如下回答：“我们的工作如果做得出色，可以赢得社会的高度期待，那么我们的业务肯定会无限扩大；相反，如果我们的工作做得很差劲，那我们将不得不缩小业务。松下电器的发展完全由社会来决定。”

（3）为了让大家过上美好的生活

尊重生命

严寒已基本过去，天气逐渐回暖，已经能够一点点感受到春天的气息。各位都还好吗？

后天终于要迎来总选举[6]了。随着春天的到来，我对贤明的新政抱着极大的期待。

由此我想到去年日本自杀的人数有两万之多，这好像是前所未有的纪录。此事只在今年年初的报纸上刊登了一下，并没有引起太大的关注，然后就被人们彻底遗忘了。

但我还记得这篇报道。对于这么悲惨的事情，执政者毫不关心，社会也不把它当回事，我感到非常的愤怒和恐慌。难道如今已经不把人的生命当回事了吗？

虽说这样的事实背后有各种各样的原因，不能笼统地归结为社会原因，但不管怎么说，我认为首先还是执政者必须具有强烈的社会责任感才行。

同时，我们这些产业人，应当通过各自的工作，为了让这个社会变得更加富足而竭尽全力。这其中也包含了我们工作的价值。

社会即将迎来新的局面，我们也应该转换一下心情，为了能让大家过上美好的生活而努力工作吧！

（1955 年 2 月 25 日）

⑥ 指日本第 27 届众议院议员总选举。日本 NHK 电视台首次对开箱点票进行速报。

延伸阅读

最重要的经营是以人为本

松下幸之助始终坚持“以人为本”的经营理念。对于自杀现象增多这一社会现实，松下幸之助认为这是以“经营国家”为己任的政治家们所要解决的重大问题。

（4）新内阁与公约

充满信心并协助配合

大家好！现在已经过了春分时节，终于正式进入春天了，此时真是个使人心情愉悦、神清气爽的时节！在这样爽朗的日子里，如果世道也能变得像此刻的天气那样，该是件多么令人高兴的事情啊！可偏偏这世道不能如人所愿。

新内阁⑦成立了，意味着选举前许下的公约要逐一施行了。公约是政客对国民许下的承诺，毫无疑问，我们肯定希望这些承诺能转化为现实。何况现在的内阁至今已经许下了许多光明的承诺，若是将其全部付诸实施的话，日本一定会发展成为一个非常好的国家。因此，作为国民，我们应当对于公约的执行抱有充分的期待，并给予协助与配合。

我并不是怀疑内阁，只是就以往来看，大多数公约都在国民还没有来得及完全了解的情况下就不了了之了，所以我希望这一届内阁不要出现类似情况。我认为大家应抱有充分的信心，并积极给予协助与配合，这也是我们作为国民应尽的义务。而且这样的态度也有助于使我们在工作中感受到自己工作所具有的社会价值。

迎春之际，万物呈现出一片欣欣向荣的景象，但这也是容易感染疾病的季节。请大家多注意自己的身体健康，让我们精力充沛、干劲十足地投入工作吧！

（1955 年 3 月 25 日）

⑦ 指 1955 年 3 月 18 日召开的第 22 次日本国会特别会议上第二次组阁的鸠山一郎内阁。

延伸阅读

一手抓工作，一手抓政治

松下幸之助认为战争给人们带来深重的灾难是由错误的政治所导致的，他多次强调企业经营者都应该关心政治。他认为关心政治也是所有企业员工应有的觉悟。

（5）加点油

偶尔也要休息一下

各地的花期已过，嫩叶已经开始发芽。时间的流逝真是太快了！

如此说来，动不动就生病的我，自1937年从京都府立医院出院到现在，我在战争的困难期匆忙度日，倒也没有生过大病，不知不觉18年过去了，时间真是太快了呀！

不过最近我的身体状况真的变差了，医生说我有轻度心脏病，时隔18年我到底还是进了松下医院。大家都认为我是因长期劳累而生病的，我觉得是因为一直操劳公司的重建终于有了些头绪，心里这根紧绷的弦松懈了才导致的住院。幸好不是什么需要担心的大问题，我觉得大概1个月就能出院。不过我思前想后，觉得即便是出院了，还是需要继续静养一段时间。

各位都在勤劳拼命地工作，而我却说出院了也要再静养一段时间。我这样的想法也许很奢侈，不过在我看来，这个选择是正确并且明智的。因为我想趁这个机会好好犒劳一下长期饱受痛苦的身心，彻底抹去身体上长期的疲惫，再次恢复活力，好好考虑有关企业和人生的各种问题。我想，选择继续休养身体，不论对我还是对公司而言都是有好处的。不论多么精巧的机械，有时也要让它停下来给它上点油。可能我也有必要暂时加点油了。

（1955 年 4 月 25 日）

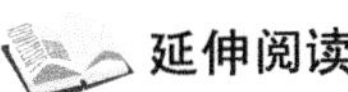

延伸阅读

适应疾病

松下幸之助从小就体弱多病。他曾说："正因为我从小身体就不好，我才能果断地把工作交给部下去做，公司也因此走向了成功。"松下幸之助强调的健康管理不是去克服疾病，而是去"适应疾病"。

（6）以积极的心态去面对

不忘初心

正如各位所知，在刚刚过去的5月3日，我们举办了创业35周年的纪念庆典。按理说，这种庆典活动应该在公司内部举行，但由于没有合适的场地，只好临时借用大阪的产经会馆的场地来举行。能够与久违的各位骨干员工们欢聚一堂，我由衷地感到开心，立刻决定出席此次活动。

虽说是出席，其实应该说是从医院溜出来比较合适吧。只要提到医院，自然就会想到病痛、难受、发烧、不能行走等状况。但我并没有那些特殊症状，说“溜”出来其实是转换一下心情，让自己开心一下而已。这个纪念庆典对我来说，大概会成为一辈子都难以忘却的回忆吧！

在庆典会场上，我说了很多很多的话，我特别强调了公司这35年的历史绝不是仅凭我们自己的力量就能构建的。如果我们没有这样的思想觉悟，就会慢慢地变得骄傲自满，从而脱离社会、脱离群众，最终走向歧路。因此，我希望借这个机会，让我们再次回到初心，脚踏实地重新开始。我希望大家时刻不要忘记，不论遇到任何事都要以积极的心态去面对。

托大家的福，我的身体也渐渐恢复了健康。我会好好爱惜自己的身体，请大家放心。我期待着公司 50 周年的纪念庆典，也请大家转换心态、打起精神，整装上阵吧！

（1955 年 5 月 25 日）

（7）一个感悟

服务于人的心境

现在已经进入到梅雨期，大家都还好吗？在这种潮湿的季节里人很容易生病，请大家一定要注意饮食和休息。

众所周知，上月中旬大家期待已久的东京松下总部大楼已经建成了，本月起我们终于可以在里面办公了。至此，我们公司进入关东市场的正式据点就算完成了。我不禁回忆起 1920 年东京事务所刚刚建成时的情形，往昔历历在目，实在是感慨万千！

一直以来我并不是不顾一切地拼命工作，只不过在这三十几年时间里我每日都认真努力地工作，先后在各地建起了工厂、成立了营业所，然后建成了这座大楼。

回过头来我不禁在心中生出这样的感悟——在这世上，只要我们秉持服务于人的心态开展工作，那么有些东西即使你不去刻意追求也仍然能得到。或许世间所有事物都是这样的一种存在吧？我认为其中一定蕴含着某种强大的力量，各位你们怎么看呢？

总之，好不容易建成了这栋大楼。借此机会，我希望大家能燃起新的希望，把服务于人的思想牢牢铭记在心。我已渐渐恢复健康，请大家放心。今后我还将与大家一起并肩战斗，推进我们的事业不断向前发展。

（1955年6月25日）

延伸阅读

一切都是日常生活的积累

松下幸之助平日里经常强调：无论是人生还是事业，都是一天一天、一点一滴不断积累起来的结果，罗马也不是一天建成的。

（8）享受热闹的祭祀活动

养精蓄锐

现在已经完全步入了盛夏，天气每天都很炎热。大家过得还好吗？

今天是大阪的著名祭祀活动——天神祭[8]的日子，许多人不畏炎热赶来参加，使活动好不热闹。我从童年时代起就一直住在大阪，关于天神祭有许多十分美好的记忆。

我们在进行祭祀活动时，总会洋溢着浓浓的人情味，与各种俗事紧密相连，热闹喧嚣。

不过我觉得这样也好。因为怎么说这都是我们俗人做的事情，俗人并不擅长那些郑重其事、一本正经的事情。所以我觉得只要不是胡闹乱来，大家热热闹闹、开开心心的也挺好。况且，这样的活动可以鼓舞我们的士气，培养我们团结的精神，还能让我们自发地生出对神冥的尊敬之情，没有比这更好的事情了吧？

怀有远大的理想固然好，但偶尔放松一下喝一点祭酒、尽情地消遣一下也未尝不可。难道不是吗？

一想到今天是天神祭我就感到特别开心。时当盛暑，请大家也偶尔放松一下心情，养精蓄锐，然后精神百倍地投入工作吧！

（1955 年 7 月 25 日）

⑧ 指每年 7 月 25 日在大阪天满宫及其周边地区举行的祭祀活动。

（9）努力学习的风气

锻炼自我

今年夏天虽然很热，但是感觉最热的时期已经过去了，早晚的气温变得很凉爽。大家都还好吗？

托大家的福，我的身体已经完全康复，在刚刚过去的 8 月 1 日我已顺利出院了。经历了长达 5 个月的住院生活，我时刻想着要在接下来的日子里再一次好好地努力一把。

从古至今，凡是立志于一件事并最终成功的人，无一不是费尽心血刻苦努力的人。不论艺术家还是运动员，他们都是珍惜一分一秒在自己选择的路上发奋努力。就连现在很流行的职业摔跤选手，也明白安闲无事、不能比赛或训练，肌肉就会松弛，所以他们都在不停地锻炼身体，一刻都不敢松懈。

仔细想来，这种努力的精神，与我们所号召的认真地投入工作是一脉相承的。总而言之，我认为通过工作来锻炼自己，努力让自己不断得到进步与提升才是最重要的。我们把松下电器看作是一个整体，如果公司的全体员工都没有努力学习的风气，那就不要指望公司有什么进步与发展了。

所以我希望大家不仅要做好当下的工作，还要通过努力学习与积累，不断地进行开拓与创新，以实现新的突破。万幸我本人也恢复了健康，我也想更进一步地去学习与提高，同时在各方面对大家寄予了厚望。虽然现在还很炎热，我们要发挥不畏炎热的精神，满怀热情地投入到工作中。

（1955年8月25日）

延伸阅读

全神贯注

关于工作，松下幸之助对员工们说："是否有能力并不重要，在工作中能否做到全神贯注才是最重要的。"因为只要全神贯注地去工作，便能打动他人，把人调动起来，进而汇集智慧与力量。

（10）修养的重要性

做人要注重自己的言行举止

听说前段时间有个人去英国参观议会时，那一天恰好碰上议会解散。然而议会被宣布解散时，议会现场却没有一个人喝倒彩，也没有一个人大声叫喊，更没有一个人谩骂，大家都平心静气、非常安静，议员们相互挥手道别。那个人看到这种情况，说自己第一次看到了一个国家的议会运转得如此成熟，不由得感到十分敬佩。

我听了这件事情后，也非常佩服他们（英国议员们）。我希望我们国家议会的议员们也能有更成熟的言行举止。我认为我们日本人的素质也丝毫不逊色，勤劳又聪明。我们十分清楚什么好、什么不好，可是体现在行动上时效果却很差。比如我们经常在等电车的时候乱插队，又或者在公园里经常能看到破坏公园美观的不文明行为等。为什么会变成这样呢？

我认为还是与我们的修养不足有关。即使自己心里很明白，但如果没有从小开始培养，无论何时，也不会形成作为一个有修养的人应该具有的言行举止。也就是说，一个人即使掌握再多的知识，如果在言行举止方面表现得很差，那么这个人的人格与修养也不会好到哪里去，不能作为社会人而与他人共事。并且，这种人在工作上也不会好到哪里去。

所以，我认为全体国民都有必要提升自己的修养水平，作为松下电器的员工，让我们在自己的工作中，学习和掌握作为松下人应该具有的修养吧！

（1955 年 9 月 25 日）

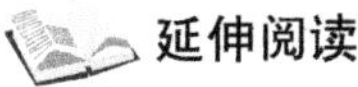延伸阅读

教养就像给树支棍儿一样

松下幸之助认为支棍儿不是为了弄弯树苗而使用的，而是为了辅助树苗生长而插上的。提升修养也不是为了扭曲人性，而是为了提升人性。真正的修养并不会让人觉得受到各种限制或拘束。

（11）有错就改

一个人的真正价值

近日，收获的季节即将来临，因为今年会迎来前所未有的大丰收，所以每个农民的脸上都洋溢着喜悦、充满了活力。不仅是农民，就连在城市里工作的我，也感受到了大丰收带来的喜悦，可以说全日本都在分享着丰收的喜悦。

在即将迎来丰收之际，我越发深切地感受到劳动不仅能让个人喜悦，也可以让大家都感受到喜悦，我们应该以这种积极的心态继续努力工作下去。然而，任何事情不见得都会如自己所打算的那样顺利发展，我们偶尔也会犯下意想不到的错误，也会失败。当然，最好是能够从一开始就不犯任何错误，但人非圣贤，孰能无过？重要的是，犯错了以后我们应该如何去做。这时的做法往往决定了一个人真正的价值。

最好的做法还是坦白地承认自己的过错，并马上改正。虽然这是最平常不过的做法，但我觉得再没有比它更好的了。有的人犯了错，却认为事到如今也不能重来了，只能硬着头皮走下去，如此便一错再错。我认为这样的态度是最危险的。比起犯错，这种思想与做法反而更加可怕，我们应该警惕这一点。同时，我们应该以宽容的心态原谅那些犯错的人，这样才能使我们的工作顺利进行下去。

（1955 年 10 月 25 日）

（12）松下电子工业公司的运动会

加强紧密联系

本月3日，松下电子工业公司[⑨]成功举行了员工综合运动会，我也受邀来到了高槻工厂的运动会场观看比赛。

在第二次世界大战之前，我们公司每天春天都会召集全体员工举办综合运动会。公司先后在住吉公园、天王寺公园、甲子园等地举办了十几届运动会。那时的运动会体现了我们公司全体员工秩序井然、精神饱满的整体风貌，当时在大阪非常有名。

但是第二次世界大战爆发后，运动会也渐渐不能如愿顺利举办了。最后一场运动会是1941年在甲子园举办的，那是一场有1万名员工和5万名观众参与的具有历史意义的大型运动会，从那之后直到现在都没能迎来恢复举办运动会的时机。

因此，这次的松下电子工业公司的综合运动会让我感慨万千。能看到大家秩序井然且精神饱满、干劲十足地参加比赛，我真的感到十分高兴！

因为那天不巧我还有别的安排，上午就不得不提前离席而去。听说后面还有别具一格的变装游行，我没能亲眼看到实在觉得遗憾。不过后来听说在运动会当天大家都热情投入，运动会在大家的积极配合下圆满结束，我再次对大家的热情和配合致以诚挚的敬意。

整个电器产业的大型运动会也差不多都该恢复举办了吧。希望大家互相之间能够加强联系，共同发展与进步。

（1955 年 11 月 25 日）

⑨ 1952 年与荷兰飞利浦公司合作而设立的公司。

延伸阅读

公司运动会

松下电器的第一届运动会于 1931 年 4 月成功举办。入场仪式是整齐有序的列队行进，最后的压轴看点则是“展开由各式异想天开的变装队伍组成的画卷，让满场化为欢喜与爆笑的海洋”的变装游行（《私の行き方　考え方》）。

（13）大家辛苦了

谦虚地反省

大家还好吗？再有几天的时间，今年就过去了，相信大家在年底这段时间里都很繁忙吧？

即将过去的一年，如泡影般转瞬即逝。但是仔细回想一下，这一年也是历经各种挑战的一年。我知道大家在各自的岗位上面对各种艰辛的挑战都付出了巨大的努力，我真的十分感激大家。特别是在如此困难的环境下，公司在全体员工团结一致的努力下取得了超出预期的成果，借此辞旧迎新之际，我想与大家手牵手、肩并肩，说些互相祝福和慰问的话语。

话虽如此，如果仔细分析的话，不能说我们全都做到了最好、都做得很成功。我们也有挫折、有失败。虽然在发展事业的过程中，挫折与失败在某种程度上也是不可避免的，但是失败就是失败，我们必须正视这些失败。因此，我们在一起欢庆的同时，也必须谦虚地去反省。有这样的态度，人才能进步，企业才能发展。这也是我们公司员工该有的日常心态。

不管怎样，带着喜悦与懊悔，这一年就要结束了。健康比什么都重要，首先祝贺我们这一年能健康地走过，希望大家在未来的日子里更加重视自己的身体健康。而那些在此时不幸患病的朋友们，请你们也不要着急，相信来年一定能恢复健康。

大家这一年辛苦了！让我们和家人欢聚一堂迎接美好的新年吧！

（1955 年 12 月 25 日）

延伸阅读

成功与失败

松下幸之助始终认为失败的原因就在于自己。当事情进展得很顺利的时候，他也会告诉自己“这是因为运气好”。他经常告诫自己，把成功还有失败当作反省的出发点，是为了不让自己骄傲与自满。

4.

顺其自然

（1）计划必须实行

投入精力和心血

对于我们公司来说，开年出货仪式和经营方针发布会[10]是年初的两大重要活动。去年多亏了大家的努力使公司的各项业务得以顺利进行。新年过后，我们又要开始新的征程了。迎接新年的各种装饰已经撤除，开年活动也过去了10天，再也不能一直稀里糊涂过下去啦!

虽然去年形势严峻，但年初制订的计划基本上也都顺利完成了。今年也请大家继续努力，况且今年的经济形势比较好，还是有努力价值的。

然而，有些人会认为计划终究只是计划，实际上根本不能顺利实施，这类人对计划能否完成满不在乎。对于这种忽视计划的不良风气，我们公司是一律禁止的。当然，那种不切实际或欠缺斟酌的计划从一开始就没有实现的可能；但如果是基于冷静的判断下虚心制订出的计划，哪怕看起来实施的过程会很困难，只要我们不断投入精力和心血就一定能够实现。而且在这个过程中大家也能体会到工作的乐趣。合理的计划如果不能实现，那肯定是因为我们投入的精力和心血还不够。

我们公司已经定下了今年的发展大纲，每一条大纲都公示在了相应的部门。这也是今年我们公司的工作目标。

所以，让我们打起精神，为达成这些目标而努力工作吧！

（1956年1月25日）

⑩ 在发布会上松下幸之助公布了“年销售额从1955年的220亿日元，到1960年要实现800亿日元”的五年计划。

延伸阅读

看不见的契约

在公布五年计划时，松下幸之助说：“松下电器扩大业务内容是为了满足广大消费者的需求，回馈消费者是我们作为产业人的义务和责任。”换言之，就是松下电器与人民大众签订的一张“看不见的契约”。

（2）为大众服务

勤恳、踏实地工作

春天的气息越来越浓了，大家身体还好吗？所幸我的身体状况还比较好，想做的事情也特别多。今年对于我们松下电器而言，是至关重要的一年，工作多到怎么做都做不完。即使如此，我也十分注意让自己量力而行，虽然我总是不由地将自己的全部精力投入到工作中。

话虽如此，不管我们大家怎么努力，如果我们的产品不能够满足大众的需求，也是没有任何意义的，还会为公司带来负面影响。也就是说，服务于大众、满足大众的需求才是我们最重要的职责所在。也因为这一点，我们才能得从投资者那里筹集资金，用来招聘人员、购买设备。这一点非常重要，如果我们忘记了这一点，那么我们就失去了存在的意义。

然而有些人还是会忽略大众，这无疑是严重的错误。大众是公正贤明的，因此我们才能得以依靠并为之服务。

虽然形势严峻，但我们不能拘泥于眼前，必须要勤恳、踏实地工作才行。

天气日渐变暖，身心也更加舒畅。还是希望大家务必保重身体。

（1956 年 2 月 25 日）

延伸阅读

大众是正确的

松下幸之助始终坚信“大众是正确的”理念。他认为，即使有时会遭受到不合理的对待，但从长远看，大众都是正确的、值得信赖的。这么一想，就会觉得特别安心，进而可以专心于每日的工作。

（3）欢迎新员工

社会需要的东西

不需几天，今年也会有一批年轻的新员工入职，加入到我们的大家庭。新员工将为我们公司注入新鲜的血液，我们衷心地欢迎他们，同时也希望他们能够真正理解公司的使命，明确职责，认真工作。

如果换一个角度考虑，我们就会发现其实公司和社会之间存在着如同员工与公司之间的关系。松下电器加入了一个叫作“社会”的大集体，就像普通员工一样在这个大集体中工作，所以，我们必须要了解社会的需求，忠诚、努力地工作。

另一方面，正如公司的员工只要没有消极怠工就可以拿到工资一样，松下电器只要不断地为满足社会的需求而努力工作，当然也能拿到相应的报酬。这不就是所谓的公司收益吗？如同大家从公司领到工资一样，公司也从社会那里领工资。所以说，社会要求公司去做的事情也就是公司要求大家去做的事情。

这是最根本的观点，只要不忘记这一点，我们应尽的责任和义务自然就能变得清晰起来。

俗话说，热到秋分冷到春分。春分已经过去，终于要迎来真正的春天了。我们也即将迎来一批新员工，希望大家都能够精神抖擞地工作。

（1956 年 3 月 25 日）

延伸阅读

培养社会人

松下幸之助认为企业应尽的责任之一就是“培养合格的社会人”。既然企业是为满足社会大众的需求而成立的公共机关，那么企业对员工的任用就是一件公事，基于这一理念，松下幸之助也致力于对公司员工进行社会人的指导和教育，以增强员工的社会责任感。

（4）对产品的关注和信心

公司得以发展的原因

此时关西地区的樱花大多数已经谢了，北部地区现在会是什么样子呢？像东北、北海道这些地方的樱花也许正处于满树盛开的时期吧？

接下来很快就会进入到闷热的季节了，电冰箱也逐渐成为家中厨房的必备电器。最近电冰箱的技术有了很大的进步，更加注重干净卫生，并能够实现自动调节温度，也越来越节能省电，基于这些原因，电冰箱的需求非常旺盛。

因此，今年我们公司为迎合这一需求推出了非常棒的新产品。我想已经有很多人见过这款新产品了，还没有一饱眼福的朋友可以到附近的电器店看一下，有什么意见和建议请尽管提出来。

我们公司的产品一直以来都受到社会各界的广泛关注，希望大家今后也能关注我们公司所有的产品。我们公司产品的种类有很多，但是不管什么产品，只要有公司上下一万两千名员工的热情关注，各部门的负责人在工作时也会感到更有动力，大家也更能理解这些负责人工作的意义与价值。通过这种方式使大家感受到作为松下电器的员工所应具有的责任感和自豪感，也是我们公司能够不断得以发展的原因所在吧。

最近虽然天气很好，但也是容易生病的季节，希望大家务必注意自己的身体健康。

（1956 年 4 月 25 日）

延伸阅读

产品就是自己的女儿

松下幸之助呼吁大家："产品就是自己的女儿，要不断关注我们生产出的产品"。就在黑白电视机、洗衣机、电冰箱这"三大神器"普及到一般家庭的时候，松下幸之助要求全体员工关注公司生产出的每个产品。

（5）实现内心的成长

向所有事物学习

时光如梭，感觉刚刚举行完今年的经营方针大会，今年就即将过半了。我们除了要商讨最近一段时间公司业绩的扩展情况外，我们也需要认真地进行自我反省，使每个人的内心都能得到成长。

生理上的成长到了一定时期就会自然停止。然而，只要我们肯用心并付出努力，内心的成长是可以无止境的。这种内心的成长，才是人类真正的成长。不管一个人多么年轻，内心如果变得迟钝了，那么就可以说这个人已经老了。但随着时间的流逝，有些人的内心反而更加丰满、具备丰富的经验与判断力、朝气蓬勃、对未来充满希望，这样的人就可以获得无限成长的可能。

我已经过了花甲之年，也可以说是一个老人了。然而我决定维持内心的年轻，不让“老人”这个词出现在我的身上。不仅仅是我，公司里大部分的员工也一直保持着积极进取、朝气蓬勃的心态，这也是我们公司潜在的生命力。

我希望大家能够一直保持内心的成长，同时以积极的心态学习各种知识，这样我们才能真正明白自己工作的价值与意义。

（1956 年 5 月 25 日）

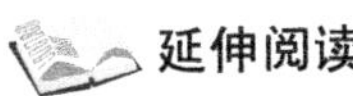

延伸阅读

青春是指内心年轻

松下幸之助晚年从塞缪尔·厄尔曼的诗中获得灵感，写下了下面的句子作为自己的座右铭：“青春是指内心年轻，只要心中怀有信念并对未来充满希望，每天都能勇敢地迎接新的挑战，那么青春就会永远伴随着你。”

（6）切不可麻痹大意

关爱自己

又到了令人烦闷的梅雨季节，大家身体还好吗？

承蒙大家的关照，我最近身体很不错。工作虽然比以前还要忙碌，但我也尽可能不让自己过于劳累，并随时注意保养身体。不管怎么说，健康才是第一位的。

即使你们平时都很健康，我也要提醒你们多关心自己的身体，平时多注意保养，不要超负荷工作。有时，越是相信自己很健康，反而越容易生病。这是因为我们经常对自己的身体状况太过于自信，平时不注意保养身体导致的结果。

7 月 2 日开始的全国安全周就是与此相关的重要活动。作为公司，即使平时在各方面都很注意，但仅仅依靠相关设施与相关人员的努力工作，并不能阻止事故与病痛不发生在我们身上。最终还是靠我们自己关爱自己，还有来自我们家庭的帮助。

迄今为止，因为平时不注意身体健康而发展成为无法挽回的重病恶疾的事例已屡见不鲜。这不仅仅是个人的不幸，也是那些关爱他的家人、朋友与同事的不幸。

梅雨期即将过去，天气会越来越炎热。请大家务必注意自己的身体健康，让我们每天都以愉悦的心情与精神饱满的状态开展工作吧！

（1956 年 6 月 25 日）

（7）夏天的美好

转换心情使人愉快

又到了每年天神祭的日子。我去年也谈过这个话题，天神祭是大阪具有代表性的夏日祭典，今天我看到许多祭祀物品的船在堂岛川上敲锣打鼓煞是热闹。入夜以后，祭典的灯笼被点着，人们噼噼啪啪地放着烟花，特别漂亮。人们拿着团扇、穿着浴衣（夏季和服）三三两两的结伴乘凉，小孩子有多兴奋更是不用说，在夏天想必没有比这更难得的放松方式了。

不仅仅是大阪，日本各地都有各自的夏日祭典活动，大家也都能从中获得很大的乐趣。这样的活动真的很棒！

因为夏季特别炎热，人们很容易瞌睡，精神也不由地会散漫。这样的活动能让人们转换一下心情，振奋起精神。如果举办的活动很沉闷就不会收到良好的效果，但是像夏日祭典这样能让人们感到身心愉悦的活动就很好，能让人真切地感觉到夏季的美好。它与春天的美好是完全不同的体验。

想到这些，我就感到今天的天神祭过得非常开心，让我想起童年的美好时光。我想着傍晚要不要去中之岛边散散步。居住在大阪周边的同事们，你们也带上自己的爱人与孩子一起闲逛着去乘凉怎么样？

炎热的天气还没有结束，希望大家务必珍重身体，安度夏日。

（1956 年 7 月 25 日）

（8）致力于业界整体的繁荣

制定适当的价格

今年的夏天格外炎热，即使是对炎热天气比较淡定的我也感觉有些吃不消了。再加上近来日益严峻的百货店甩卖问题[11]，使得今天的夏天更加难熬。针对这一问题大家也一直在担心，我也一直为了使该问题尽快得到解决而不断努力做着各方的工作。

在商品定价方面，我们公司一直听取各方意见并认真讨论，我们在制定价格时，既要考虑到确保门店能够持续稳定的经营、提供良好的服务，又要考虑对新产品研发进行的投入，在综合考虑各个因素后，估算出合理的利润水平，并在此基础上确定价格。这是我们公司 30 多年来从未改变的传统。

大约从两年前开始，发生了各种错综复杂的事情，一部分门店的价格体系开始崩溃并陆续波及所有门店，业界也开始质疑我们在产品定价方面的信用，由此导致了一系列的问题。

我们一直希望通过发展家电制品来提升民众的生活水平，并实现业界的整体繁荣，乃至实现国家的全体繁荣。我对这一信念从未产生过动摇，同时也希望大家能够坚定我们的信念。我对于以正常价格销售产品的行动予以强有力的支持，在这一点上，我希望得到所有人的共同支持。

虽然最炎热的时期即将就要过去了，但这种时候也容易使我们忽视自己的身体健康。我也会好好注意自己的身体，也请大家务必自我珍重，希望每日都能看到大家精神抖擞地工作在自己的岗位上。

（1956 年 8 月 25 日）

⑪ 1956 年 7 月，名古屋的百货店开始了八折销售活动，后来波及全国，引起了百货店间竟相打折甩卖的促销活动，从而引发了各种问题。

（9）顺其自然

反省自身行为

空气中似乎已弥漫着秋天的气息，大家近来过得都挺好吧？

我本以为今年夏天受9号台风的影响，酷暑期已经过去了。只是没想到，进入9月后夏季的高温卷土重来，连续多日气温高达30度以上。长期的高温天气连我都有些吃不消了，或许是因为我已上了年纪吧。自然的规律果然不可抗拒啊！

万事万物都有共同的自然规律，但我们有时过于夸大人类的智慧，让我们只看到人类的力量，却时常忽视自然规律。这样下去，总有一天我们会走向穷途末路。人类的身体也不例外。换句话说，人呢，上了年纪就该注意自己的身体了。

然而，说着这种话的我，或许看起来已经相当年老了，但我的内心依然保持着年轻的心态，不断燃烧着新的希望。但是，如果我还是像以前那样超负荷地工作，想必会令大家担心，所以今后我会好好保重自己的身体，我也希望每天都能和大家一起精神饱满的一直工作下去。

秋天是自然变化最为明显的季节。虽然我们彼此都很忙，但我还是希望大家能在这样的季节里，时不时地看看山野的变化、静静地思考自然的法理、反省自身的行为，这或许能使我们的明天走得更坚定有力。

（1956 年 9 月 25 日）

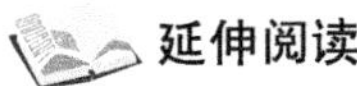

延伸阅读

自然的法理

松下幸之助认为万物都来自于宇宙根源的力量，并且通过顺应自然而得到发展。所以，无论我们面对自己的人生还是经营企业，只要遵循自然的法理，自然就能得到发展。

（10）千里之堤溃于蚁穴

越是顺利越要高度警觉

今年是我们公司实行五年计划的第一年，关于实施新计划是否具有实质效果，平日里大家都很关心，因此，公司今后的每一步发展，我都会向大家一一说明，从而让我们对彼此拥有新的期待，并坚定我们的决心。实行五年计划至今，受益于良好的宏观经济环境，公司发展很顺利，取得了超出我们预期的业绩。这是一件可喜可贺的事情，按照这个势头，10 月份的销售额应该还会进一步保持增长。

但令人意外的是，根据近 10 天的预测，10 月份的销售额可能不会继续增长，甚至呈现出会低于 9 月份的迹象。虽然去年 10 月份的销售额较之 9 月份也有所下降，看似并没有必要过多地焦虑，但在今年经济景气的背景下 10 月份的销售额也出现这种状况，我就感到有些担心了。

俗话说千里之堤溃于蚁穴。这也意味着，我们对工作中出现的任何问题都要保持高度警觉，充分进行讨论，及时采取相应的解决措施才行。特别是在发展顺利的时候，小的问题更容易被忽略，这样就有可能酿成不可挽回的巨大损失。关于本月销售额的变化情况，我打算进行多方面的探讨，同时我也希望大家加强自我反省，或许这些做法显得有些过于严苛，我就是想在这里跟大家稍微聊聊关于公司经营上的事情，希望大家能够理解。

（1956 年 10 月 25 日）

延伸阅读

留心细节

在小的错误中隐藏着巨大的祸根，松下幸之助就是以这样的意识来经营企业的。松下幸之助认为员工在犯了大错的时候，本人都能进行深刻反省，然而对于小的错误却经常被忽视。所以，当我们发现员工犯了错误的时候，即使是很小的错误，也要督促其及时纠正，并进行深刻反省。

（11）感激不尽

作为人的真正成长

临近年关，我跟大家的寒暄问候是今年最后一次了。不管怎么说，这一年大家都能健健康康、认认真真地工作，我在心里由衷地感到高兴！

我们公司的业绩也逐步提高，五年计划的第一个年度目标也按计划完成了，真是值得我们庆祝的事情！公司能够顺利实现目标，当然离不开公司每一位员工的努力，同时我们也向社会各界人士给予我们的关心、理解与帮助深表感谢。

感谢能让努力发挥作用的社会，从努力中获得喜悦，并把这份喜悦传递到其他地方，这种态度正是人类真正的价值所在，如果没有这种态度，人类不过是有智慧的动物罢了。

从这层意义上讲，在第二次世界大战后人们对于感恩、报恩和义务等观念日渐淡薄，我认为我们必须站在对方的立场重新进行反省。只有这样，我们才能真正地成长起来。

新年快到了，请大家感恩这一年的各种收获，并怀着对新一年的希望与家人一起迎接新年吧！

实在感激不尽。

（1956年12月25日）

延伸阅读

员工人数与经营者的心态

松下幸之助说过：如果是规模较小的公司，经营者只要做到身先士卒与模范表率作用就可以了；当员工人数达到百人以上甚至千人时，经营者就必须有“请你做这个请你做那个”的心态了；如果员工达到万人以上，经营者的心态就必须转变为“那就拜托你了、交给你了”；当公司的员工达到5万～10万人时，经营者就不得不学会合掌恳求员工们了。这一思想充分流露出松下幸之助对员工的深深感激之情。

5.

相互体谅与关心

（1）优良的品行

首要是人的培养

正月转眼即逝，此时正值严寒，大家别来无恙吧？

我们已于本月10日举行了公司每年例行的经营方针发布会[12]，在会议上，我提出了公司今年的经营方针。今年是我们实行五年计划中的第二年，我们的目标是营业额突破410亿日元大关。虽然这是一个巨大的数字，但是我相信，只要社会不出现骤变，同时我们能够继续兢兢业业地努力工作不懈怠，这个目标就一定能实现。

今年我们应注重达成目标的途径及获取成果的方式。达成一个目标可以有很多途径，既有好的途径，也有坏的途径。我认为我们应该保持优良的品行，这一点对我们来说也是非常重要的。以怎样的品行来应对工作就成为了一件非常重要的事情。

归根到底，公司的根本使命与每一名员工的品行需要保持高度一致才行，都需要往良好的方向去发展。可以说这也是我们今年需要完成的一大任务。为此，最关键的是人才的培养工作，公司今后能否继续保持发展，全部取决于我们能否做好这一点。

我希望大家都能深刻认识到这一点。让我们继续以积极向上的姿态，共创美好明天！

（1957 年 1 月 25 日）

⑫ 会上松下幸之助提出如下经营方针：我们要时常反省与检讨哪些行为会对社会的发展能够起到正面、积极的作用；广集众智是松下电器真正的经营宗旨；企业的经营是为了培养对社会有益的人才。

延伸阅读

全员经营

松下电器既不是松下幸之助的个人财产，也不属于其他任何人。松下电器是一家由全体员工共同经营的公司。公司能否拥有良好的未来，取决于能否在经营上做到广集众智。松下幸之助一直都在倡导这种“全员经营”的理念。

（2）深切的关怀

对自己不可放松与懈怠

虽说“战后”⑬这个词已经过时了，然而回想过去那段痛苦的经历，就会发现我们对“战后”这个词并不是轻易就能忘记的。也正因为如此，我们才能在秋季赏枫叶、春季赏樱花时，更能深刻地体会到当今和平的环境与物质丰富的生活来得有多么不易！

话虽如此，也并不是每个人都有条件去赏花的，还有很多未能去赏花的不幸之人。也就是说，虽然相比以前，我们的物质生活水平得到了很大改善，但是从整体上来看，日本还是一个相对贫困的国家，繁荣程度远没有达到世界的平均水准。

因此，我们不能满足于现状，对自己还不能懈怠。我们需要齐心协力，对尚未过上好生活的人们给予适当的关怀。我们要以积极向上的心态，通过努力工作来促进社会不断地走向进步。

我认为“目无他人”是一种对人世毫不关心、内心骄傲自满的状态，我们绝不能成为这样的人。我们需要相互反省，对社会给予深切关怀的同时，尽可能地做有利于社会的事情。

寒冬渐去，暖春渐近。请大家务必注意身体，希望大家都能以饱满的状态迎接每日的工作。

（1957 年 2 月 25 日）

⑬ 在 1956 年 7 月发布的经济白皮书中提到，日本已经度过了“战后”阶段，该词成为那个时代的日本流行语。

延伸阅读

谦逊与自豪

松下幸之助曾说过，为自己感到自豪很重要，但同时也需要保持谦逊的态度。这种谦逊的态度体现在这里就是“对社会给予深切的关怀”。在这里，我们能感受到松下幸之助想要传达的思想：“作为企业人，应以谦逊的态度为国家的繁荣与社会的发展做出自己的贡献。”

（3）欢迎新人

作为前辈的责任和义务

俗话说“热到秋分，冷到春分”。现在终于过了春分，开始进入到花朵盛开的季节了。亲爱的各位，大家都别来无恙吧？承蒙大家的关照，我现在身体很健康。虽然每天依然忙碌，但在今天，我在公司内感受到了比以往更加充满活力的氛围，这令我非常高兴。在这快活的氛围里，连我都感觉年轻了好几岁。

从本月中旬开始，本年度新录用的员工已经陆续开始进入公司工作，正是这些新人给我们带来了新的精神面貌吧！到下月初为止，还会有很多的优秀新人来到公司，无论是对于我还是对于公司的其他人，能够迎来优秀的后辈，都是一件令人高兴的事情。

然而，仅仅感到高兴并不代表着我们已经履行了作为前辈的责任。这些新人可以说是社会保管在我们这里的宝贵财产，对于这些优秀的后辈员工们，身为前辈的我们应该在各方面给予他们亲切的指导和帮助，使他们尽快地成长为优秀的松下人。与此同时，作为能够引导这些新人的前辈，我们还应该不断学习与提高，时常进行自我反省，加强相互合作，为完成公司的使命而奋勇前进。

万事开头难。在这春光灿烂的日子里，让我们怀着当初自己刚入职的那份心情去迎接新人的到来吧！

（1957 年 3 月 25 日）

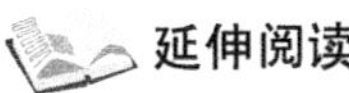
延伸阅读

人才培养优先于生产商品

松下幸之助在创业后不久就与公司的员工们说："当你被问道，松下电器是个怎样的公司时，请回答说，松下电器是培养人才的地方，同时也从事电器产品的制造。"

（4）提高存钱意识

世事难料

花季转瞬即逝，已经到了新芽吐翠时节。现在的气候偶尔会使我们微微出汗，但也是一派欣欣向荣的景象，真是一个好时节啊！

说到这里，我想问一下各位，这个月的工资情况怎么样呢？公司从这个月开始涨工资了，国家也开始了减税，虽然每个人多少会有一些差异，但是跟以往比起来，还是增加了不少吧？多出来的部分大家打算怎样安排呢？我相信每个人各有自己的想法，我也很好奇大家会怎样规划自己的工资收入呢？

而我也想借此机会告诉大家，一定要提高存钱的意识！

我是非常赞同“世事难料”这种说法的。谁也不知道自己下一刻会不会病倒、会不会遭受不测，发生意外的时候不给别人添麻烦，这对于我们每个人来说非常重要，也可以说是我们作为社会人必须尽到的一项义务吧。换句话说，如果平时任由自己喜欢、随意挥霍，到了走投无路之时只会给别人添麻烦的话，从做人的角度来说是非常失败的，同时也没办法完成我们作为社会人应该尽的义务与本分。

因此，为了以备万一，我们需要在平时尽量多存一些钱。好不容易才获得的加薪机会，我认为我们不应该毫无计划地胡乱花掉，应该把这些钱好好存起来。这样，大家就能安安心心、快快乐乐地投入工作了。

（1957 年 4 月 25 日）

延伸阅读

不要参与投机行为

由于父亲投机外汇失败，导致松下幸之助的童年生活不得不在贫穷中度过。为了让后人吸取教训，松下幸之助在 1932 年制定的《松下电器制造所店则》第 45 条中明确规定："工作人员在没有得到所主（即老板，松下幸之助当时被称为所主）允许的情况下，不能进行以个人创收为目的的商业活动与其他投机行为。"

（5）持续不断地付出努力

合作和创意

今年年初开始，社会一度出现经济景气的局面，但最近一些经济指标再次出现了警戒信号，在报纸上出现“外汇锐减”“资金困难”等词汇开始变得越来越常见。

仔细想想就会明白，不论景气看起来多么美好，我们都不应该放松与懈怠。在电器行业，竞争一天比一天激烈，市场不会给我们丝毫放松的机会。

其实说起现在的实体经济，可以说其本质的状况并没有出现根本性的改观，前年、去年和今年都没有什么太大变化。因此无论是过去还是现在，我们在工作上绝不能松懈，要保持一颗平常心。

有分析称今年下半年的经济形势与上半年相比会有许多的不利因素。在此背景下，各种各样的问题一定会不断出现。因此我希望大家能万众一心、众志成城，在工作上持续不断付出努力，并在工作中不断进行创新。

过不了多久又要进入阴郁的梅雨季节了。这个季节里疾病很容易找上门来，各位还请多注意保重身体，让我们精神百倍地投入到每日的工作中吧！

（1957年5月25日）

延伸阅读

经济现象是人类行为的体现

松下幸之助在1953年提出“经济现象大多体现了人类行为的特点”这一观点，对“经济景气的变化是必然的”这一观点提出了质疑。

（6）自控力很重要

环境改变人的心情

现在已经进入阴郁的梅雨季节了，大家近来身体还好吗？

这个季节总感觉阴沉、闷热，人们的精神也时常无精打采，很容易生病，也容易发生各种人身事故。因此，我认为每天无论在工作还是生活上，我们都要时刻提醒自己加强自我的控制力。我觉得如果我们没有自控能力，任凭自己懒散、拖沓地生活，不论是对精神还是身体都非常不好。

我希望大家时常注意身边东西的整理与摆放，即使是服装也要穿得干净得体。良好的环境能使人的心情变得舒畅，确实是这样。保持身边的东西干净整齐，自己的身心也会觉得倍感舒畅。在职场上也一样，职场的办公环境整洁舒适，员工的心情自然也会很好，工作效率也会提升。

从 7 月 1 日起将开始第 30 次全国安全周活动，借此时机我希望大家在用心工作的同时培养自我的控制力。不仅仅在这一周内，而是要让这种自控力变成我们的一种生活习惯才行。

今年下半年已经过去一个月了，日本的经济还处于相当困难的时期，大家在工作与生活中也感觉很不容易吧？请大家多多保重身体，精神百倍地继续奋斗。

（1957 年 6 月 25 日）

延伸阅读

自控力与教养

首先要掌握好基本的教养，然后过有自控力的生活。这是松下幸之助当学徒时形成的信念。

（7）相互体谅与关心

人都有软弱的一面

潮湿的梅雨季节已过，天气放晴之后，进入到太阳灼烤大地的酷暑季节，报纸上很早就开始报道有关台风的最新动向。

仔细想来，每年的这个季节，台风都会来临，造成的灾害给社会带来了巨大的损失。这些台风并不是近年才突然出现，而是每年都有。虽然我们的防灾应对措施已经做得相当完善，但每当台风到来时，还是会有各种灾害事件发生。政府的预防措施做得不到位可以说是其中一个原因，但从另一个角度来说，也可以认为这表现出我们人类软弱的一面。

与此同时，人类也有强大而积极的一面，比如发现了核能并对其加以和平利用等等。强大的一面与软弱的一面结合在一起，共同组成了我们这些人类。

我想对你们说：没有绝对的强者，也不存在绝对的弱者，我们都有强大与软弱的一面。所以我们一定要相互体谅，共同合作！

在炎热的天气下工作一定很艰辛！在这种时候，很容易让人心神不宁，请大家相互之间多给予一些体谅与关心，让我们齐心协力，打起精神投入到工作中！

（1957年7月25日）

延伸阅读

告知自己的缺点

松下幸之助认为：身为企业的经营者，事先主动将自己的缺点告知部下，这并不会有损他的威严，而是一种重要的沟通。只有互相了解对方的缺点，才能真正做到互相帮助与互相弥补，也才能加深组织的紧密联系。

（8）真诚之心

修炼给予的馈赠

今年的城市棒球对抗赛，我们公司的棒球部取得了第三名的好成绩。

正如大家所知的那样，迄今为止我们在这个城市的对抗赛的预赛中被选出了三次，虽然过去我们每年都很努力，却总是在第一场就败下阵来。我总是遗憾地想，就算只赢第一场比赛也好呀。

但在今年，我们抽签时的运气特别好，为此我们赢得了第一场比赛的胜利，紧接着第二场、第三场的比赛也十分顺利，尽管我们并不指望能进入决赛，但是我们还是做到了在第三名的争夺战中威风凛凛地取得了胜利，写下了我们公司棒球史上的最好战绩，这真的是非常令人欣喜啊！

这场胜利是我们公司棒球部能够坚持不懈地练习所带来的成果，他们的精神很值得我们去学习。

说起经济，其实它是有生命力的存在，世界经济形势每时每刻都在发生变化。我们在景气的时候不要骄奢淫逸，在不景气的时候也不要颓丧气馁。只要我们能做到自始至终以一颗真诚之心去对待工作，就算有时不会带来明显的益处，也要相信最终会因为这份真诚而获得巨大的回报。我们的工作态度和棒球部对待练习的态度说到底是相通的。

好像终于熬过了酷暑，接下来又到了睡觉时容易着凉、也容易伤风感冒的时节，请大家千万注意自己的身体。让我们继续保持那颗真诚之心，继续我们的工作吧。

（1957 年 8 月 25 日）

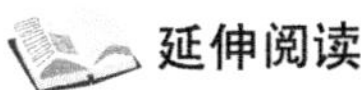

延伸阅读

对工作的热情

松下幸之助说："知识很重要，才能也很重要，这是毋庸置疑的。但即便是知识匮乏、才疏学浅的人，只要他时刻想着应该怎样去完成这项工作、无论怎样都怀有想去做这项工作的热情，就不用担心找不到好工作。"

（9）感受工作的乐趣

失去热情便是损失

已到爽朗的秋天，肌肤也变得清爽起来。因天气炎热而进展不顺利的工作现在也变得相对轻松了许多吧！

如果你能感觉到自己每天的工作很有趣，就会觉得时间总是在不知不觉间就过去了，工作也会感觉很轻松愉快。如果你不能感受到工作的乐趣，那即使天气变得再凉爽，在工作上你也不会感受到任何轻松！

这就好比小孩子正埋头于有趣的游戏中，那么无论母亲怎么叫他来吃饭，他都不会去。但如果他对游戏不感兴趣，那么一叫他吃饭他马上就不玩了。当然，游戏和工作的性质不一样，但能否在其中感受到乐趣，在态度上一定会产生巨大的差异。

我相信，如果一个人在每天的工作中感受不到丝毫的乐趣，那对他来说也会是一个极大的损失。

大家对此是怎样想的呢？你感觉自己的工作有趣吗？能在工作中保持兴趣与热情吗？如果回答是否定的，那么你就要试着自我反省一下了。我希望大家能够尽可能地从事真正适合自己的职业，每天都能愉快地开展工作。我认为只有这样才能生产出好的产品，取得令人瞩目的成就。

自己快乐，也会给他人带来快乐。希望大家都抱着这样的心态，努力做好每天的工作。

（1957 年 9 月 25 日）

延伸阅读

热情造就前进的阶梯

只要你对一件事投入强烈的热情，就一定会想尽各种办法去努力实现，甚至你能从周围的人那里得到意想不到的帮助。就像磁铁会吸引铁粉一样，热情会吸引你周围的人，带动周围的资源。

（10）不要成为“井底之蛙”

不断反省

1939 ~ 1940 年间是那个时代日本钢铁生产量最多的一年。那年的生产量大约是 600 万吨，换算成国民人均消费量，日本位居世界第 18 位。

第二次世界大战战败后，虽然日本一度到了经济崩溃的边缘，但此后历经 10 年的经济复兴期，我们在此期间取得的经济成就着实令人惊叹。去年的钢铁产量已达 1000 万吨，已经远超战前水平。日本战后几乎是一片废墟，现在取得这样的经济成就，我们不得不再次赞叹一番。

可即使我们取得这样的经济成就，但从国民人均消费量来看，在全世界只排到第 23 位，排名甚至比战前还要靠后。

虽然产量比战前增长了不少，但排名却下降了，这到底是怎么一回事呢？归根结底，是因为世界各国比我们更努力、更有效率，产量比我们提高得更多。因此，如果我们只看自己的发展，似乎取得了一个令人满意的成果。但与世界各国相比，我们还差得很远，还不能自我满足。

我们要在不断反省自己的同时也要看到他人的成长与进步。我们要怀有谦虚的态度和宽广的视野，通过持续不断地努力迎来真正的发展和进步，不断缩小与世界的差距。在我们的工作中，同样也需要我们有这样的思想觉悟，希望大家能不断努力，不要让自己成为“井底之蛙”。

（1957 年 10 月 25 日）

延伸阅读

拼命努力

松下幸之助所追求的努力是非同寻常的。他曾这样说:“我认为集中精神和拼命努力在精神内核上是一样的。就像你集中精力去学习一项本领，其实与你拼命努力工作并没有什么不同。”

（11）相互理解与合作

不把困难当困难

还有一个月左右这一年就要结束了，大家是否和我一样都感觉到有一些匆忙呢？

最近我们业界真的是非常热闹⑭，想必大家都已经知晓了。俗话说“居安思危”，我们公司到目前为止发展得很顺利，可以说是处于“安定”的时期。接下来大概就要迎来“危机”的时期了吧？

可是我认为，在此前较为顺利的发展中，大家已经习惯了这种平稳，恐怕内心早已经没有“居安思危”的意识了，其实我又何尝不是如此呢？不想忘记也忘记了，这也可以说是人类的一个弱点吧。

因此我觉得我们应该经常进行自我反省，这样才能正确了解事物的本质与事态发展的原因。让自己做到不畏困难、与大家团结一致、积极进取，那么就能换来业界的安定与公司的繁荣。我希望大家都能有这样的决心。

接下来大家肯定会很辛苦，而且岁末年终的事情会有很多，大家一定要多注意身体。希望大家能够相互理解与合作，把我们的事业推向新的高度。

（1957 年 11 月 25 日）

⑭ 是指为了应对从 1956 年 7 月开始的“百货店甩卖事件”，松下幸之助从 1957 年 11 月开始，在以松下电器产品为主打商品的零售商店中选取一些优秀的店铺作为旗舰店，开始实施“松下专卖店制度”，以谋求进一步的发展与合作。

（12）年末寄语

转换心情

今年就只剩下几天的时间了，回顾这一年自己走过的路，想必大家肯定也和我一样都有诸多感慨吧？

仔细想想，我们公司内有一万七千名员工在夜以继日地努力工作着，外有全国数万计的热心顾客和松下电器的粉丝们给予我们的大力支持，另外还有许多与我们存在合作关系的工厂与供应商都能积极配合我们的工作，因而使我们获得了社会大众的广泛关注。

站在焦点中心的松下电器，我们经营起来真切地感到责任重大。正因深切感受到了这份责任，在这一年里，我像人们期待的那样一直努力工作。也是因为深感责任重大，我才絮絮叨叨地跟大家说了很多，提出了很多具体的要求与目标。大概会有人觉得其中有些话毫无道理，不赞同我的观点。可是回过头来我发现大家还是或多或少理解了我说的内容，并按照我提出的具体要求来展开行动。所以我认为，虽然公司在这一年里经历了各种风波与挑战，但我们并没有出现重大失误，终于顺利走过来了。

这一年了快要结束了，此刻在我的心里充满了无限感慨。大家在这一年里辛苦了，我由衷地感谢大家为公司所付出的所有努力，在此说一声谢谢！

新的一年马上就要来临，大家不妨转换一下心情，让我们与家人一起愉快地迎接新年的到来吧！

（1957 年 12 月 25 日）

6.

保持两种心态

（1）工作上的“最后一击”

避免最后时刻的疏忽大意

日本过去的武士要完成所谓最后的致命一击，有一套严格的规则与做法。对武士来说，在对方奄奄一息之际疏忽大意、放松警惕，不施展最后的致命一击（让对方有重新站起来的机会）那就是奇耻大辱。

换句话说，对待事情要仔细确认、追究到底，这是过去武士们最为看重的作风。

说到这一点，让我们回顾一下我们彼此的工作，大家觉得如何呢？好像还是有很多时候没有做到“最后一击”吧。

拼命努力工作，好不容易完成了百分之九十九的工作，仅剩最后的百分之一却没能很好的完成就等于什么也没有做。我们甚至还出现过半途而废的情况，那简直就是给别人添乱、帮倒忙，还不如从开始就不做！

由此观之，就像过去武士不去完成最后的致命一击就会感到耻辱一样，我希望大家在自己没有努力工作到最后一刻的时候也要感到无比羞愧，我们应该避免那种最后时刻的疏忽大意。

今年是松下电器巩固百年大业的关键一年。我会更加努力工作，也请大家充满活力与干劲，努力提高创新意识，不断取得更大的发展。

（1958 年 1 月 25 日）

（2）绝不能辜负对我们的信任

改革的决心

自1956年7月开始，我们倾注心血生产出来的产品，却在销售的过程中价格变得异常混乱，这让公司、经销商以及顾客都非常苦恼。为了让价格恢复正常，我们公司从前年开始就进行了各种尝试。首先，我们对销售网络进行改革[15]，决定先从一部分地区开始实行，然后逐步扩大至全国。

这项决定不仅使销售人员受累，各经销商门店负责人也无法轻易下定（改革的）决心。毕竟，让经销商门店转变延续了几十年的经营方式，并彻底剔除以往一切惯例，是极其不容易的一件事。但是，为了使电器行业尽快恢复正常、让消费者放心地购买产品、让电器行业真正为社会的繁荣做出实质的贡献，这些经销商秉承着信赖松下电器、与松下电器共进退的决心，勇敢地迈出了新的步伐。

在与这些经销商门店负责人面谈后我得知了他们的想法，我心里涌起一股强烈的责任感，绝不能辜负大家对我们的信任。为了回报这份信任，我们必须抱着坚定的信念努力前行。

我们现在处于严峻的行业变革中，我们要彻底摒弃安于现状的心态，振作起精神，努力前进！

（1958 年 2 月 25 日）

⑮ 指在全国范围内推行由销售公司取代传统代理店的销售公司制度。

延伸阅读

手握正义的旗帜

松下电器为何能领先业界进行大规模改革并取得成功呢？松下幸之助常说这样一句话："手握正义的旗帜（比喻推行改革要有正当且充足的理由）。"如果对问题认识得很深刻，并拥有正确的信念和正义感，就能获取众人的信任。

（3）保持两种心态

自豪与感恩

在这个社会上，一个人无论多么努力，如果仅靠一己之力，也不可能成就一番事业。

我们公司的发展也同样如此。无论我们多么努力制造出优质的产品提供给社会，如果我们的工作与成果得不到人们的认可，那么这一切都没有任何意义。

当然，我们也不需要向任何人卑躬屈膝地乞求得到认可。我们在努力工作的同时，也要保持一种对自己所从事的工作感到自豪的心态。

而保有这种自豪的心态，首先需要我们能向社会提供优质的产品与服务。其次，我们自己也要在内心认同这种自豪感，对于诚心购买我们产品的顾客要抱有喜悦和感恩之心。

我们要时刻谦虚地保持自豪与感恩这两种心态，否则我们会在自我价值的认知上出现严重失误，在价值判断上也会出现失误，使自己在自我膨胀中减缓前进的步伐。

今年我们面临着各种困难。正因如此，我们更需要警惕自我膨胀，在遵循正确价值判断的基础上，慎重对待每天的工作。希望大家不断加强自我反省，精神饱满地投入工作。

（1958 年 3 月 25 日）

（4）真正的高明之处

及时做出调整

最近美国经济非常不景气，日本也深受影响，从去年到现在一直很萧条，经济完全没有回暖的迹象。

经济的景气与萧条，就如同自然循环会有夏天和冬天一样。人们会因夏暑而疲惫散漫，因冬寒而不愿外出。同样的，经济景气的时候，我们会身心放松；经济萧条时，我们会绷紧神经。通过如此循环，大自然才能生机勃勃，经济才能繁荣向前发展。

然而，经济不景气时，我们不仅要对彼此的工作进行深刻反省，更重要的是我们不能懈怠并做好迎难而上的思想准备。如果我们在不景气时，依然怀着处于景气之时的悠闲心态是绝对不行的，将会使我们更加难以走出经济萧条期。

及时调整心态在日常生活中也尤其重要。我认为，随着不同状况而及时调整心态，正是人类真正的高明之处。

按照目前的状况来看，日本的经济不景气还会持续下去。我将继续毫不懈怠地努力工作，希望大家在工作与生活中也同样不要放松自己。让我们齐心协力一起渡过公司当下面临的难关，共筑松下电器的百年基业。

（1958年4月25日）

延伸阅读

如果下雨就打伞

“如果下雨就打伞”这句话强调了顺应“自然的法理”（p97）与及时调整心态的重要性。这句话说的就是要顺势而为、应时而变（根据外部的政策、环境、竞争对手、顾客需求等及时做出变化，随时调整战略与战术），顺其自然的做法才是最高明的。

（5）养成储蓄的习惯

为将来做准备

微风送爽的5月，真是个令人神清气爽、心情舒畅的季节。看到大家也都开始换上了夏季服装，我感受到了这个季节特有的美好。

对比过去的服装，人们现在的衣着已经美得令人炫目，这样的变化就像做梦一样。从战争刚结束时的物资匮乏，发展到现如今人们都能安居乐业，这真是让人欣喜的变化。那个时候，即使有钱也买不到东西，人们完全没有多余的钱来储蓄。而现在，随着人民生活水平的逐步提高，人们又开始了储蓄。这种变化让我感到非常高兴。

蚂蚁有着储粮过冬的本能，而我们也要为自己的将来做些必要的准备才行。为了让我们不必为将来的生活感到担心，平时有计划地进行一些储蓄是非常必要的。借这次难得的加薪机会，至今已有存款的员工可以增加存款数额，还没有进行储蓄的员工，可以从这个月起开始储蓄。我衷心希望大家都能养成储蓄的好习惯。

即将进入梅雨季，请各位一定多加注意自己的身体健康，让我们每天都能以积极的身心开展工作。

（1958 年 5 月 25 日）

(6)即使工作岗位不同

要有共同的目标

最初松下电器在大开町[16]建立工作室的时候，我也和员工们一起在一个房间并排的桌子上一同工作。所以，我能清楚地听到店里人的打电话声音，店里的人也能听到我打电话的声音，虽然那时的员工只有寥寥数人，但大家在不知不觉间变得团结一心，自然而然产生出一股强大的凝聚力，每个人都为了完成共同的目标而勤恳、努力地工作着。

如今，松下电器逐渐发展起来，员工人数已经有了一万多人。我们的工作方式不能再像以前那样将所有员工都集中在一个房间里工作了。换言之，我再也听不到大家的声音，大家也听不到我的声音了。但这是公司规模扩大所不能避免的事情，同时我认为也是件好事。

然而，虽说变成这样是不可避免的，但一万多名员工的想法各异，如果每名员工的想法都各自开花，不能形成共同的目标是绝对不行的。就像一盘散沙，无法形成合力就做不成大事。

虽然我们的员工都分别在不同的工作岗位从事不同的工作，

但是我希望大家能团结一心不动摇，一直努力下去。请大家都能理解这一点，在此基础上友好相处，努力工作。

（1958年6月25日）

⑯ 现在的大阪市福岛区大开。松下幸之助于1918年3月在这个地方开设了松下电器器具制造所。

延伸阅读

早会·晚会

松下电器因为规模扩大的需要，在1933年实行了事业部制度。松下幸之助为了把不同工作岗位的员工团结在一起，要求公司各部门的全体员工，在每天上班的开始5分钟和临近下班的最后5分钟集合在一起开展早会与晚会，对每天的工作做出部署与总结。

（7）正值酷暑

愉悦地工作、快乐地生活

今天是大阪独有的天神祭之日。随着社会的安定发展，近年来各地的夏季祭祀活动也开始逐渐活跃起来，今天的天神祭想必一定会有很多人前来参与吧！现在虽然酷暑难耐，但在夏天特有的祭祀活动上，能看到各种有趣的节目也的确是件非常开心的事情。

虽然祭祀的由来有很多种说法，其中之一便是来自于我们生而具有的感恩本性，就是感谢上天带给我们幸福安康的生活，并祈祷今后也能事事如意。不论我们对上天做了怎样的祈祷，人们都会通过给神灵供奉山珍海味和美酒来表达感谢之情。

这样说来，这些祭祀活动便有了比夏天特有情调还要深刻的含义。我认为年年举办热闹的夏季祭祀活动所带给我们的意义，已不仅仅是供奉神冥，人与人之间也可以相互表达感恩之情。如果人们相互情意相通，那么即便是在酷暑中，人们也能愉快地工作、快乐地生活吧！

这样想来，祭祀活动的那些喧嚣的伴奏声也并不是没有意义。

虽是酷暑，我们也要互相安慰、互道感谢。让我们怀着感恩之心，一起精神饱满的努力工作吧！

（1958 年 7 月 25 日）

（8）辛劳与喜悦

坚定地努力

今年的夏天感觉比往年更为炎热。连日来的持续日照，使我们在日常工作与活动中总是倍感疲惫。

虽然这么说，但是夏天炎热、冬天寒冷毕竟是自然之道。所以在应该炎热的季节里气候炎热也是十分重要和自然的事情。并且，这也是我们能够细细品味夏季、享受夏季时光的重要原因之一。

尽管如此，在酷暑难耐的日子里，顶着烈日在田间劳作、除草、驱虫的农民伯伯与我们这些在办公室工作的人相比确实辛苦得多。正如“酷暑带来丰收”所说的那样，正是因为在夏季辛苦的劳作与付出，才会带来秋收无尽的喜悦。而且，丰收带来的喜悦并不只属于农民自己，最终，也会给住在城市中的我们带来喜悦。

如果这样想的话，又回到了那句老话：“辛苦地付出总是能带来相应的回报。”虽然辛苦地付出是无止境的，但我们也不要怕辛苦，坚持与努力是我们必须具有的素养。

天气依然十分炎热，但是秋天马上就要到来了。在这夏末的时节里，我们要好好保重自己的身体，让我们以健康的体魄迎来凉爽的秋天吧！

（1958 年 8 月 25 日）

（9）明确目标

静下心来认真思考

最近所谓的“少年犯罪”事件频频发生，连日来在报纸上炒得沸沸扬扬，这样的事在我这么多年来的人生经历中也闻所未闻。

随着时代的进步，人类的智慧和生活文明的程度都获得了巨大提高，但少年犯罪不仅没有减少，反而逐渐增加。我认为这是大家必须慎重考虑的重大问题。

当然，造成少年犯罪现象与日俱增的原因有很多，其中之一就是与当今日本的政治有关，国家都没有树立一个十分明确的目标，国民更是难以找到一个坚定的生活目标。这难道不是少年犯罪增加的一个重大原因吗？

在公司工作也是同样的道理，自己不论从事生产还是销售工作，抑或是技术层面的岗位，都应该树立一个明确的目标，并及时汲取最新的思想，不断升级我们的认知水平。如果我们能尝试将这些新知识在现实工作中加以实践，应当更具有进步意义。实践的效果无论是否理想，都能让我们每个人的心团结在一起，就算当前的经济状况并不乐观，我们每个人也要齐心协力向着明确的目标努力奋斗，这对我们各自的工作都会有非常重要的意义。

秋天是最适合静下心来思考的季节。希望我们能静下心来思考世界的动向，明确自己的前进方向，让我们凝聚在一起形成一股强大力量，不断向前发展。

（1958 年 9 月 25 日）

（10）玩的时候尽情玩

享受生活

前些时候的某个周日，我在西宫市自家附近一个叫作六甲的甲山散步时，发现整座山都被绳子和栅栏围住了，我在想这是怎么回事呢？后来才知道原来这是“松茸山”啊！

我立即想起了以前在战争时期，作为消遣方式之一的采摘松茸的场景，真是怀念呀！在满是落叶与深草的山间探行，伸出头在意想不到的地方找到松茸时的那种喜悦感，还有把松茸和鸡肉一起下锅煮时，同行的伙伴都能闻得到从锅里传来的特有香味，那种香味即使到现在也久久不能忘怀。

我已经好久没有再去松茸山了，虽然总想着再去一次，但一直没有机会，所以至今也未能成行。相信你们中间肯定有很多人都去过了吧？

现在经济不景气、各种社会问题都有待解决，相信大家的工作也十分繁忙吧？但是在秋高气爽的周末，我们应该忘掉一切烦恼，去做一些像采摘松茸这样的活动，让自己的身心得到彻底的放松。就是说，我们在该玩的时候要尽情地玩，怀着这样的心态才能好好地享受生活。

现在秋意渐浓，早晚甚凉，大家要注意不要受凉感冒，让我们充满活力地度过每一天吧！

（1958 年 10 月 25 日）

（11）共建和谐

精彩纷呈的思想盛宴

当今的日本出现了各种不同的思想。但我认为我们首先要做到让各种不同思想的人们和谐相处，让大家在团结的氛围里推动社会的进步，使人民生活水平不断提高。如果我们不能做到这一点，人们在社会交往中就会缺少宽容之心，过于强调自我的意见和主张，这种情况会阻碍社会的进步。

松下电器的各位员工们，请你们一定要用和睦的姿态去理解他人，用充满诚意和友善的态度去相互理解与沟通。这样一来，各种不同意见和想法的人都能成为对社会有益的人才，使我们的思想领域能呈现出百家争鸣的局面，那将会是多么精彩纷呈的思想盛宴啊！

年末将至，大家每天一定都很忙吧？还请大家注意身体健康、打起精神，为建设我们共生共荣的和谐社会继续努力吧！

（1958 年 11 月 25 日）

延伸阅读

对立与协调

松下幸之助曾说过，世间万物每一个都是拥有自己个性与特质的独特存在，一方面在强调自我中形式对立，另一方面又会相互协调，进而形成自然界与人类社会。这就是“自然的法理”（p97），也是社会应有的状态。

（12）大家辛苦了

冬去春来

年关将至，不知大家今年过得怎么样呢?

回顾这一年，日本发生了许多大大小小的事情。尤其在经济领域，因受去年各种不利因素的影响，今年从年初起经济就呈现出萧条状态。我们公司也受到很大的影响，在销售与其他方面都面临着许多挑战。

为了克服困难，这一年里我给大家提出了许多苛刻、不近人情的要求，还请大家见谅。

令人欣慰的是，大家都能按照我的要求每日都坚持不懈地努力完成工作，使我们公司在短短时间内让原本令人担忧的下半年业绩在后期得到快速回升。对此，我感到万分欣慰，并向大家表示衷心的感谢!

日本在第二次世界大战结束后的第13年里，无论国家还是个人，都经历了许多磨难，但我们终于挺过了最艰难的时期，这段经历对我们每一个人而言都具有十分重要的意义，也值得我们为此高兴。

还有几天，这一年就要结束，新的一年马上就要来临。我将在明年 1 月 10 日的经营方针发布会上，阐述我们新一年的发展目标。

大家辛苦了，谢谢大家。祝大家新年快乐，幸福安康！

（1958 年 12 月 25 日）

7. 相互交流

(1)走好脚下的每一步

追寻理想

不知不觉间，新年已经过去，马上 2 月也要结束了，我们即将迎来桃花盛开的大好时节。时间过得真是快啊！

但仔细想来这梦幻般飞快消逝的时光，我们其实也是一日接着一日、一小时接着一小时，一秒接着一秒、一步步地走过来的，并不像电影画面那一样一闪而过。在那些逝去的时间里，仔细想想，一定有许多值得我们去反思的事情吧！

就像谚语“千里之行始于足下”说的那样，虽然追求远大志向的态度至关重要，但与此同时，达成目标的道路需要我们脚踏实地一步一步向前进，这一点我们绝对不能忘记。

不论在生活还是在工作中，我们都要怀有自己崇尚的理想，并且一步一步地为实现理想努力奋斗。只要我们在新的一年里拥有这样的心态，我相信大家在这一年里一定会取得硕果累累。

寒冷的日子已经过去，温暖的阳光将使身心重新恢复元气，祝愿大家每天的工作都能更上一层楼。

（1959 年 2 月 25 日）

（2）站在全局的角度

作为产业人的良知

提起第二次世界大战的那段历史，明显是一个老生常谈的话题了。在战争的最后阶段，在那个物资及其缺乏的时代，民众想买东西也买不到，衣食住行等生活基本需求全都受到不同程度的限制。然而在 13 年后的今天，我们从手表到签字笔，再到每个人穿着的服装，几乎所有物品都实现了充足供给，提到这些，实在是让人感到恍如隔世啊！

这是因为日本经济取得了巨大发展，无论工业还是服务业水平都得到了巨大提高，用专业术语说，就是生产力提高了。为了提高大家的生活水平，收入的提高是一个关键。同时，努力提升产品的生产质量也是十分重要的。我们只有不断生产出优质的产品才能说我们实现了远大的理想。我认为这也是我们制造业者的义务与使命。

我相信把电视机、洗衣机、冰箱、手表、签字笔等商品普及到千家万户的日子并不会太遥远。为了提高民众的生活水平，我们要站在全局的角度不断提升我们的思想认识水平，心怀产业人的良知，坚持走在正确的产业轨道上。

春天到来，万物复苏，不要辜负了此番良辰美景，让我们以全新的精神面貌迎接新一轮的挑战吧！

（1959 年 3 月 25 日）

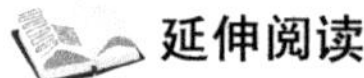 **延伸阅读**

自来水哲学

松下幸之助所说的“产业人的使命”以“自来水哲学”广为人知。他曾说过，往来的行人口渴时饮用路旁的自来水并不会招来别人的指责，是因为自来水既廉价，量又多到饮用不尽。我希望我们能做到像自来水那样，通过把物美价廉的产品大量提供给社会来使人们过上幸福的生活，这是松下幸之助一直以来的愿望。

（3）相互交流

相互理解

我记得松下电器刚创立不久的时候，员工人数很少，事务所也只有一家。那时我和大家一起工作，我可以随时表达自己的想法，也能直接听取大家的要求和意见。大家面对面相互交流，自然而然能够团结在一起，共同迈着矫健的步伐稳步前进。

所以，像这样把大家融合在一起团结一致地工作，就是我最大的愿望，我想也是松下电器最理想的工作状态。

然而，随着我们公司规模的不断扩大，员工人数也不断增加，公司员工之间的相互交流变得越来越困难，有时我想和大家面对面地交流也无法做到了。

所以我只有通过每月给大家写寄语卡片这种方式来向大家传达我的想法，我希望大家都能够用心阅读。同时，如果大家有什么意见或建议，我希望各位不必客气尽管提出来，这个月关于这一点就拜托各位了！

樱花已落，现在开始要进入让人心情舒畅的草木萌芽时期了，希望大家养足精力，以精神饱满、心情畅快的状态投入到工作中！

（1959 年 4 月 25 日）

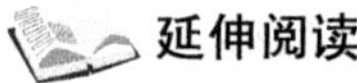延伸阅读

广集众智

广集众智这一思想与“全员经营”（p105）的思想有着密不可分的联系。松下幸之助曾说过，最重要的一点是我们要有想要聚集所有人智慧的强烈意愿，只要我们表达出了这样的态度，各种智慧自然就能聚集在一起，以此为始就能实现“全员经营”这一构想。

（4）无须担忧的生活

按计划行事

大家最近还好吗？现在真是嫩叶抽芽，清新舒适的季节呢！此外，从本月开始公司加薪后的薪资也应该打进你们的账户了，我想大家也已经有了各种各样的规划与期待吧！

但是钱这种东西，我们经常在不知不觉间就花掉了。所以，我们为了提高自己的生活质量，一定要制定严密的计划，必须按照计划来支配自己的钱才行。

正如大家都知道的，“公司内部储蓄制度”会比普通银行的利率高，而且如果持有公司股份，也会根据“持股奖励制度”得到一定的补助，大家可以充分利用这些制度，有计划地进行储蓄，这样不仅可以从中获利，也是一件很有意义的事情。

虽然我说的这番话听起来像是给公司内部储蓄和持股奖励制度做宣传广告，但是不管怎么说，钱是非常重要的东西，是我们能够安心生活的重要保证。没有钱不仅自己会很苦恼，也会给他人带来麻烦。所以，为了不影响他人，也为了我们今后的生活无后顾之忧，我们需要有意识地进行储蓄。最后，还是让我们安安心心、充满活力地努力工作吧！

（1959 年 5 月 25 日）

（5）如小香鱼一般

保持朝气蓬勃

到了 6 月，各地的河流都开始解除捕捞香鱼的禁令了，这对钓鱼者来说想必是件很开心的事情吧！

虽然我是在电视与报纸上看到解禁情形的，当我看到在美丽小河之中成群结队来回游动的香鱼看起来那么的可爱与生机勃勃，心情便非常舒畅。“像充满活力的小香鱼”这句话表现了年轻的朝气，用香鱼来代表生机勃勃、充满朝气的年轻人是最合适不过了。

因为在松下电器工作的年轻人有很多，所以到处都洋溢着朝气与活力，我希望这种如同小香鱼般清纯可爱与生机勃勃的年轻氛围可以一直这样保持下去。我们能够在激烈的竞争环境中不断取得成功正是靠着大家这样充满了活力、锐意进取的年轻心态，也可以说这是我们公司能够得以发展的强大动力之一。

现在正值阴郁的梅雨时节，希望大家多注意身体，齐心协力共同推进公司不断取得进步与发展。

（1959 年 6 月 25 日）

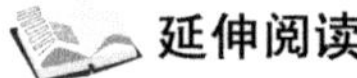

延伸阅读

年轻

对松下幸之助而言，年轻是人生最大的价值所在。在一次演讲会上，他对年轻人说：“如果可以，我宁愿舍弃一切来换取回到你们这个年纪。”他还说“青春即是心的年轻”。因此，他始终在精神上保持着年轻的状态。

（6）山与工作

严厉与温和

最近，年轻人中很流行登山。特别是梅雨期结束的 7 月正是登山的最佳季节，我想我们之中已经有很多人都去登山了吧？相信很多人都能从登山中体会到许多的乐趣。

曾经，我也想去体验一下登山的乐趣。我觉得山象征着男性的力量，拥有男性化的威严与严肃感。同时，笼罩在云雾里的山峰也能让人感到它的柔和与温馨，这也是山的另一种魅力吧。

同样，即使是我们的工作，它不但有温情的一面，实际上它也有非常严肃的一面。所以，过去的匠人们将自己的生命注入到工作中，几十年如一日地努力工作，今天的我们也不应忘记这种对待工作的严肃与严谨，我们应该用心培养这种认真的工作态度。我认为这种工作态度也是现代社会所不可缺少的重要品质。

因此，我们要像爱好登山一样，对工作也要充满热爱，每天都能踏实努力地工作才行。

渐渐进入到盛夏，大家要注意饮食和休息、防范中暑，希望大家每天都能精神十足地投入到工作中。

（1959年7月25日）

延伸阅读

热爱自己的工作

在《员工心得贴》中，松下幸之助写道："不论是否喜欢自己的工作，都应该让自己想方设法去热爱。能够在工作中体验到乐趣、认识到自己工作价值的员工，必定会走向成功。"

(7)为社会服务

工作的意义

随着电器化时代的到来，我们在家庭中使用的电器产品，不论在性能还是质量上都比以前提高了很多。家庭里只要有一台洗衣机，妇女的家务劳动负担就能减轻许多。实际上只要问问每天具体使用这些电器的人，就能很好地了解这些电器产品给我们的生活带来了多少便利。还有我们公司生产的收音机、电视机、电饭锅以及数以千计的各种电器制品，每种电器都能给我们的生活带来了许多便利，提高了我们的生活水平。

近几年来，家用电器的种类不断增多，虽然其中有些产品并没有直接进入到普通家庭中，但所有生产出的电器都是为了满足人们的需要，都在促进着我们生活水平的不断提高。

从事这样的工作，我非常开心，甚至自豪。因为我们努力工作，不仅能改善人们的生活水平，还能在一定程度上促进社会的进步与发展。当然在这过程中会非常辛苦，有各种各样的困难需要克服。但是，每当想起我们的工作具有这么重要的意义与价值，那些困难和辛苦就不值一提了。

各位同仁，让我们一起怀着对社会的奉献之心、团结一致，为更加辉煌的明天努力奋斗吧！

（1959 年 9 月 25 日）

（8）不容疏忽大意的时代

不断保持竞争力

据报道说，美国的电视机产量和销售量逐年增长的态势如今已开逐渐减弱，如果最终停止增长陷入停滞，市场竞争就会变得更加激烈，去年美国从事电视机业务的公司数量已经超过了30家，仅仅过去一年的时间就有15家公司破产倒闭。

这是美国的情况，但这种激烈的竞争也逐渐在日本出现。尤其是现在的报纸、广播、电视以及周刊杂志等媒体日益活跃，商品质量的好坏、价格的高低以及服务的优劣等所有行业内的信息，转眼间就会在消费者之间传遍。所以，对于一件商品，今天非常受欢迎、销量非常好，但到了明天也许就不一定是这样了，消费者的动向可能在一瞬间发生变化，商品的销售突然陷入停滞的风险是随时都存在的。

这是一个完全不容疏忽大意的时代。特别是像我们这样的公司，如果我们不能保持产品的创新能力、不断实现产品的更新换代与升级，我们的竞争力就会逐渐丧失。如果我们不能迅速果断地推进工作，不注重在日常工作中培养员工的业务水平以提高公司的综合实力，将会造成不可挽回的局面。

我会拼命努力，大家也要以自己的角度和立场充分认识当今这个不容疏忽大意的时代，让我们齐心协力一齐推进公司不断向前发展。

（1959年10月25日）

（9）理所当然的事

做事要恰到好处

人们为了保持健康，首先注重的是补充营养，如果营养不足就会变成大家所说的营养失衡吧。但是营养补充太多又会变成所谓的营养过剩，有害健康。

热的时候脱衣服，冷的时候添衣服。可是穿太厚就会出汗，变得难受。

简单说就是要做到恰到好处，理所当然的事就理所当然地去做，这是符合自然规律的，也是最好的状态。

自然规律也好，恰到好处也好，虽然乍一看觉得很难拿捏好分寸，如果我们能够亲身去实践与探寻，就会发现其中的精髓和许多为人处世之道。

科学的进步在一定层面上也徒增了人们的不幸，知识的丰富也使人们做起坏事来更加容易。可以说，这是因为有一些人对我们现在普遍认可的处世之道不够敬畏。

说到我们公司的发展，如果仅仅考虑自己的发展，不顾与我们公司有众多业务往来的合作伙伴的利益，就会使双方都承受巨大的损失，甚至是破产，所以我们不能这样做。这也体现了是自然之理，是中庸之道。我们应该保持谦虚与乐观的心态不断努力前行。

欲望的膨胀绝对不可取。希望大家切记不要使自己的欲望过于膨胀。

已经是深秋了，再过不久就是年底。请各位多注意自己的身体健康，在年末这段时间里更加专心于工作，不断拼搏进取。

（1959 年 11 月 25 日）

延伸阅读

中庸之道

松下幸之助认为“中庸为贤德的表现”。若看待问题有失偏颇，我们的视野就会变得狭窄，不能做出合理正确的判断。所以，我们在日常生活中培养自己“中庸之道”的意识十分重要。

（10）年终总结

自我反省

光阴似箭，岁月如梭。转眼间12月已接近尾声，再过几天今年也马上要结束了。

每年到这个时候，我都能切切实实地感受到时光流逝的迅速。想必大家也同我一样有许多感慨吧？

12月是一年中总决算的月份。忆起年初的目标、计划和约定，那个目标没能完成，这个约定也没能兑现，那个计划也不知何时随风而逝了……静静回想，不自觉脸就红了。

即使这样，年末依然要到来。决算的作用，就是让大家反省自己，姑且做个总结，好归好、坏归坏，必须诚实地给自己打个分。如果不去做自我反省，这一年走下来就不会给自己留下什么经验教训，也就不会取得任何收获。而且，这一年并不是仅靠一己之力走过来的。我们要向周围人给予我们的帮助表达诚挚的感谢，对我们给别人带来的不便致以真诚的歉意。因为有时候我们自己没有察觉，其实许多人在暗中给予了我们各种的帮助，只是我们并不知道而已。当然我们也会在意想不到的地方给别人添麻烦。对这些事静静地进行思考，这便是年终总结了。

大家辛苦了。让我们和家人一起迎接新年的到来吧！

（1959 年 12 月 25 日）

8.

有备无患

（1）经营方针

反复仔细领会

新年在一声声相互道“恭喜恭喜”中很快地过去了，正月也即将要结束了。自己在新年初始定下的目标是否随着时间的过去而逐渐淡忘了呢?

人们所做的任何决定，如果自己不能做到时刻提醒与监督，往往很容易半途而废。千万不要觉得自己慎重思考后做出正确的决定就足够了，在多数情况下，如果自己不反复地进行提醒与监督，就算是再小的决定或目标也不能顺利实现。

想必诸位所做出的大多数决定都是我所说的样子吧？我认为公司的经营方针也是一样的。我在10天前说过我们公司的经营方针[17]，但如果我们把公司的经营方针仅仅当作公司与员工的决定或目标，恐怕是难以完成的。我认为我们必须要做到反复地告诫自己，并将公司的经营方针灵活贯穿到我们的日常工作中。只有这样，自己作为社会人才能真正实现自我的成长，同时也能感受到作为松下电器的一名员工是多么引以为傲，自己也会充满干劲，努力工作。

虽说今年是暖冬，但时常能感受到丝丝寒意，还望大家保重身体、预防感冒，让我们团结在一起，共同推进我们的事业不断取得进步与发展！

（1960年1月25日）

⑰ 松下幸之助在1月10日举行的公司经营方针发布会上提出的方针如下:5年后施行每周5天的工作制度，并采取广集众智、进行科学经营的管理方针，不断追求技术革新，实现进军海外市场。

(2)不能马虎大意

为人着想和责任感

前几天,我听到了关于德国一家钟表公司的故事。这家公司在向国外出口钟表的时候,包装得非常紧密,紧密到即使在长途运输中钟表的摆锤都不会有丝毫震动。

能够做到如此面面俱到、细致入微,可以看出这家公司的理念和风气,让人感觉到这家公司非常可靠。我还能感受到负责包装的员工们非常敬业,对自己的工作拥有强烈的责任感,让人心生感动。

最近,日本对外出口的产品越来越多,听说不仅包装方面有许多令人担忧的问题,运输过程中也出现了许多意外情况。不仅枉费了苦心制作这些产品的人们,也给我国一部分公司、甚至是我们国家的声誉带来了损害。

(发生这种情况)虽然存在很多方面的原因,但最重要的是缺乏无微不至的关怀和对工作的强烈责任感。其实不仅仅在包装方面,无论什么工作,每个人都必须对自己的岗位怀有强烈的责任感才行,并要有设身处地为他人着想的心态,这点非常重要!

尤其是在贸易全球化的今天，我们已经站在了国际竞争的舞台上，为此我们更应该严格地要求自己才行。

希望我们大家都能认真对待工作，切忌马虎大意！

（1960 年 2 月 25 日）

（3）有备无患

安定的生活

已过春分时节，花开的消息也传遍了各地，此时正值大好时光。

但是近期我们国内的各个经济界人士针对贸易自由化的问题在各方面展开了激烈的争论，都在努力对该问题献计献策。然而事情并不容易解决，需要面对许多的风险与挑战。古话说“有备无患”，我们公司也要做好应对国际竞争的充分准备才行。

说起“有备无患”这一点，我发现最近员工们的存款开始增多，选择存款的员工人数已经达到 32000 人，平均每人存款达到 90000 日元。正如各位所了解的那样，我们公司当中有很多的年轻人，从业未满 3 年的员工占了一半，他们很乐于把钱存起来。

一年能获得 15% 的利息，超过其他投资收益达到 50% 以上，这应该是员工存款增多的一个重要原因。但以备不时之需这种思想也是存款不断增多的一个不可忽视的重要原因。

为了不给他人添麻烦，也为了我们能过上安定的生活，存款对于我们每个人来说都至关重要。这也是社会安定的重要基础。

今后，我希望越来越多的员工拥有越来越多的存款。

（1960 年 3 月 25 日）

（4）珍惜自己的工作岗位

共同前进的心

与同行业的各家公司相比，今年我们公司的罢工时间是最长的。其中一个很重要的原因是我作为社长有很多的工作还做得不够好，因此我也在不断反省自己。但是即便如此，我也抱有疑问，为什么非得罢工这么长时间呢？

关于提高员工福利方面，我为年轻员工的前途考虑了很多，尽可能地给予他们关怀。虽然我已经上了年纪，不得不考虑在近一两年里退休的事情，但是你们大部分人都还很年轻，还有很美好的未来等着你们去创造。接下来也许还要同这个公司共同奋斗二三十年。因此我最后的任务就是将我们的公司打造成为一个值得所有人信赖的企业，并能够繁荣稳定地发展下去。我也一直为了这个目标而不断努力着。

我的这个想法，在某种程度上相信你们一定能够理解，虽然并不一定能理解得很透彻，但我相信其中的一些想法还是能够或多或少地产生些影响，所以我必须更加努力才行。

在长远的未来里，各位的想法与做法将会决定这家公司的盛衰。从这个意义上说，大家要珍惜公司提供给你们的工作岗位，慎重地采取行动。对于罢工，希望各位能三思而后行。

以上是我从这件事情中得到的一些感悟。

（1960 年 4 月 25 日）

延伸阅读

劳动者和经营者就如同汽车的两边车轮

当劳动者实力弱小的时候，经营者必须给予帮助；反之，当经营者力量单薄时，就需要寻求劳动者的支持。其中如若有一方势力过大，必将导致经营者和劳动者双方都陷入困境。松下幸之助始终坚信劳动者和经营者就如同汽车两边的车轮一样必须保持平衡。

（5）休假的保证

提高生产率

营造多姿多彩的生活是我们每个人的愿望。而在当今世界，可以在某种程度上享受这样生活的国家，还是以美国最具代表性吧。

这其中有很多的原因，但必须要说的是，正因为有相对比较高的生产率作为保障，才使他们一周能享受两天假日的同时，又能拿到高额的收入。

如今在日本，增加休假渐渐成了人们的热门话题。人们不再认为休假是懒散的表现，而是一种积极享受生活的方式，这是一个巨大的进步，是可喜可贺的事情。

但是，只是单纯增加休息日而不能提高生产率的话，势必导致大家收入降低，从而带来生活质量的下降。从原始时代开始，人类就在追求通过提高生产率来实现生活水平的提升，从而增加休息与享受的时间，可以说这也是社会发展的必然趋势。

在今年的经营方针发布会上，我提出了要在 5 年后实现在不减少收入的同时实施双休日制度。我们肩负着推进社会发展的重任，让我们一起为了实现提高生产率这个目标而努力奋斗吧！

（1960年5月25日）

延伸阅读

双休制

松下幸之助深刻分析了美国能够实现持续繁荣的原因，深刻认识到国际竞争的实质是生产率的竞争，为了实现提高生产率，决定在公司导入双休制，并在1965年4月如期施行。他强调双休的意义是“一天休息，一天学习”。

（6）注意礼节

自觉遵守秩序与礼节

“要有较强的忍耐力、意志力，并掌握好知识；要绝对服从校长和老师的命令；老师和校长进出教室的时候，要起立来迎送；回答老师问题的时候要起立，得到老师的许可才可以坐下；要对校长和老师怀有敬意，在路上碰到老师和校长的时候要正确恭敬地行礼；要尊敬年长的人；要亲切、小心地给老人、妇女、小孩让路和让座，给他们提供力所能及的帮助；要听父母的话，帮助父母照顾弟弟妹妹；要把学校和班级的荣誉当作是自己的事情一样来重视”……

以上是在苏联的小学和中学颁布的《学生守则》的一部分，听说不遵守这个守则的学生就会受到退学的处罚。从近年来我国学校的风气来看，虽然能感觉到非常严格，但仅仅这样还不够，我认为需要学习和反省的地方还有很多。我们在做自己的事情时，做到自觉遵守秩序与礼节是必不可少的。

在这一点上，我认为我们所有人都应该好好地反省一下自己。无论是公司、家庭、还是朋友之间，我们都应该注重礼节的培养。我认为懂礼节也是一个人的基本素养，大家认为如何呢?

（1960年6月25日）

（7）时隔 8 年的访欧

世界正在急速发展

在刚过去的 6 月 23 日，我结束了为期 20 多天的欧洲旅行，回到了羽田机场。时间虽短，而且几乎只在荷兰逗留，所以感到此去并没有许多的见闻，但因为是时隔 8 年的访欧，从中也让我学到了很多，也有很多值得思考的地方。

实际上，我认为在这 8 年里，日本在各个方面都取得了很大的发展。但我到欧洲才发现不仅仅是日本，世界都在快速发展中，深感我们不能满足于现状，更不能成为井底之蛙。我之前去欧洲，需要乘坐途经美国的飞机，大约需要 40 个小时，而经西半球的飞机大约需要 50 个小时才能到达。而这次旅行的最终路线定为巴黎与东京之间的往返，仅用 20 个小时就能够到达，节省了一半的时间。

世界的距离从时间上缩小了一半，这令我很是震惊。如果在各国领空能够实现自由通行，以现在的客机速度，能将时间极大地缩短。如果是那样，世界将会更加繁荣，人们的生活水平也将会进一步得到提高。

我衷心期待那一天能够早日到来。

（1960 年 7 月 25 日）

（8）保持谦虚谨慎的工作态度

戒骄戒躁

回首我们公司这几年来的发展历程，我要感谢与公司一路走来的每一位员工，正是因为你们的付出才使得我们公司得到了快速的发展。过去几年间，我们公司得到了社会各界人士多方面的支持，发展得很顺利。不断升级生产设备保持了公司的平稳发展，员工队伍也在不断壮大，创造出蒸蒸日上的大好局面。我们能取得今天这样的成就，我感到十分高兴，也感谢所有员工对公司的无私奉献。

但是，如果我们满足于公司规模变大、员工人数增加了这样的表面现象，放松警惕、过分依赖过去的经验而故步自封缺乏创新精神的话，我们所取得的成就有可能在瞬间烟消云散。

可以说公司不断发展壮大的时候是最危险的时候。因为，这时候最初谦虚认真的态度往往最容易出现松懈，会在公司内部出现一些有问题的员工，比如满足于发展现状犯下粗心错误或消极怠工的员工，还有一些内心里充满骄傲自满情绪的员工等等。公司在不断取得发展的同时，也存在着各种各样的问题。

另外，随着公司规模的发展壮大，我们也正面临着来自社会的强大压力。如果我们不谨慎行事，就会招来强大的社会舆论攻击，甚至导致公司倒闭。历史上这样的例子并不少见。

所以我们应该以史为鉴。越是在公司不断取得发展的时刻越要保持谦虚、谨慎的工作态度，不论在工作中遇到怎样的人和事，我们都要做到积极地去面对，努力做到最好。

（1960 年 8 月 25 日）

（9）全心全意为人民服务

提高国民生活水平

根据政府最近发布的经济政策，预计今后 3 年的经济增长率将维持在 9% 的水平。虽然很多人对这一目标提出了异议，但是作为产业人，我十分赞成这种积极的经济政策。而且，我认为我们有能力做到，也必须做到。

因为前些天在走访一些欧洲国家时，看到了欧洲各国令人吃惊的发展速度，无论是道路设施还是住房条件都发展得非常好。在这些方面，我们国家虽然在过去的几年间保持着极高的经济增长率，也取得了切实的进步与发展，但远远不及欧洲这些国家的发展水平。即使今后我们每年的经济增速能够保持在 9%、10% 这种高水平上，我认为我们国家还是很难在短时间内追赶上这些欧洲发达国家的发展水平。

在我国，因为道路不平，坐汽车时感觉十分颠簸，坐火车时看到的沿路住房仍然很贫穷破旧。为了能够发展到与欧美发达国家相比肩的水平，我们要走的路还有很长，还需要全体国民团结一心、共同努力。

以通过发展电器产品来提高人们的生活水平为目标的我们，也要为国家的发展做出自己的贡献，全心全意为人民服务。

值此秋风送爽之际，祝愿大家身体健康。

（1960 年 9 月 25 日）

延伸阅读

工作有很多

为了把日本建设成为适宜居住的国家，即使全体国民夜以继日地努力，也有许多做不完的工作。因为经济不景气或失业而烦恼其实是完全没有必要的。松下幸之助始终坚信，不论在何时都有无限多的工作等着我们去做。

（10）所谓“操心”这种工作

社长[18]的职责

我最近时常会考虑诸如“为什么会有社长这个职务”以及“社长的职责究竟是什么”等奇怪的问题。也许会有人说“为何现在才来想这些问题”，那我就来说一下吧。

这是我思考得出来的结论：所谓社长，就是操心公司各种事情的角色。当然这并不是全部，我认为这只是作为社长所要担负的重要职责中的其中一项而已。

随着松下电器规模的不断壮大，工厂数量不断增加，员工人数也增加到了近三万人，难免会出现一些问题。实际上需要社长操心的事情真的有很多，不过好在通过大家的共同努力，基本上没有让我太费心力，公司就发展成了今天的规模，在此我十分感谢大家。但是我想还有很多问题大家不知该如何解决。到那时候，如果大家想着不让社长担心而不告诉我的话，我就不能继续操心公司的事了，那我也就失业了。

必须要社长操心的事情，请大家放心地交给我。工作中当然需要大家相互配合，但最让人操心的事情还就让我这个社长来做吧！我作为社长已经做好了充分的思想准备。

如果大家都能各司其职做好自己的本职工作，通过共同努力我们公司一定会发展的越来越好，大家觉得呢？

（1960 年 10 月 25 日）

⑱ 日语中的“社长”相当于公司中的“总经理”一职。

延伸阅读

附带方向指示器的端茶倒水角色

关于社长的职责，除了作为公司的操心者，松下幸之助还表述为“附带方向指示器的端茶倒水角色”。一边作为方向指示器明确提出公司的发展规划，一边为了感谢员工的辛勤付出可以为之端茶送水。对于松下幸之助来说，这才是社长的职责所在。

（11）合理的薪酬

为了实现幸福与繁荣

公司的经营会面临种种挑战，其中有一个非常棘手的问题就是薪酬问题。这真的很难，古往今来不论是哪个国家对于如何制定出合理的薪酬这个问题似乎都是煞费苦心、争论不休。

就像每个人的长相都不同一样，每个人的思想和工作能力也是不同的。自己觉得好的方式大家未必都会赞同，一万个人就会有一万个立场。而分配则涉及所有人，做到让所有人都满意、合理地制定出适合每位员工的薪酬，其实是一件非常不容易的工作。

但是，如果做不到这一点就很难实现共同的幸福，也很难实现繁荣与发展。我今后还会继续研究这个问题，也希望大家今后不要只站在自己的立场，应该从整体上去考虑这个问题。让我们集思广益，共同来解决这个问题吧。

（1960 年 11 月 25 日）

（12）内心的年度总结

认真进行自我反省

想起今年年初我把 1 月份的工资发到大家手上，并鼓励大家按照公司规定的经营方针一起打起精神努力工作时的情形，感觉那还是最近的事情，然而转眼却已经临近年末，也该发今年最后的工资了。这事可不能马虎！

到了年末，重新回顾这一年，许多事相信大家都会历历在目。在这一年间，无论是日本还是松下电器都获得了巨大发展。大家回顾自己的成长历程，也一定深有体会吧？

12 月是进行年度结算的月份，大家也应对今年做认真地总结。在年终，让自己安静下来，认真想想这一年的过往。在这一年里都有过哪些思考？获得了哪些收获？回想在年初时自己定下的理想与目标，有哪些完成了？又有哪些没有实现？在此刻，我们都应该做认真的反省。清楚什么能做、什么不能做是非常有必要的。让我们在新的一年里树立新的目标，再次点燃自己的热情。

就拿存款来说吧，今年开始存款的人肯定大有人在吧？但怎么样呢？预定的存款目标达到了吗？相信那些达到目标的员工，哪怕只是很小的目标，也能给自己带来巨大的信心与力量！

总之，大家要好好反省这一年发生过的事，认真总结经验与教训。

大家这一年辛苦了！代我向你们的家人转达我的问候。让我们振奋起精神，迎接新年的到来吧！

（1960 年 12 月 25 日）

9.

辞去社长职务之际

多年来真的很感谢大家

节点上的决定

正如大家所知，我于本月10日辞去了社长的职务。

仔细想来，从我9岁那年来到大阪当学徒算起，已经满打满算地工作了57年。假如我是大学毕业后才参加工作的话，那么工作了57年的我就该是80岁的人了。这样一想，从某种意义上说，我觉得自己已经走到了一个人生的节点，刚好去年我已年满65岁，也完完整整工作到了最后，所以我决定辞去社长的职务退居二线。以后我会站在宏观、全局的角度继续关注松下电器的经营与发展。

虽然松下电器为社会做出了许多贡献，但我们的任务还很艰巨，我们肩负的责任非常重大。我希望大家今后在新社长的带领下团结一心、努力奋斗，继续我们未完成的任务与使命。

通过本月的寄语卡片我要与各位说再见了，我由衷地祝愿大家阖家幸福、生活美满！这么多年来真的有赖大家了，谢谢！

（1961年1月25日）

附录

松下幸之助生平简略年谱

年	年龄	事件
1894 年		11 月 17 日，出生于日本和歌山县海草郡和佐村
1904 年	9 岁	进入大阪宫田火盆店做学徒
1905 年	10 岁	到五代自行车商会做学徒
1910 年	15 岁	进入大阪电灯株式会社，成为一名布线实习生
1915 年	20 岁	与井植梅野小姐结婚
1917 年	22 岁	从大阪电灯株式会社辞职，开始生产插座
1918 年	23 岁	创建松下电器器具制作所，专业生产插头配件而大获成功
1923 年	28 岁	发售炮弹形电池式自行车灯
1927 年	32 岁	电熨斗、手提式应急灯得到市场高度认可
1929 年	34 岁	公司在营业额减半的情况下，没有辞退任何一名员工，成功渡过了这段经济萧条期
1932 年	37 岁	阐明了企业人的真正使命，提出“250 年计划”
1933 年	38 岁	实施“事业部制”，将公司总部以及工厂迁移至现在的大阪府门真市
1935 年	40 岁	将公司改组为股份制，并更名为“松下电器产业株式会社”
1943 年	48 岁	设立松下造船株式会社、松下飞机株式会社
1946 年	51 岁	被列入财阀名单并被革职，创立 PHP 研究所
1950 年	55 岁	中断 PHP 研究，全力投入公司的经营重建工作
1951 年	56 岁	视察欧美
1952 年	57 岁	与荷兰飞利浦公司达成技术合作协议
1956 年	61 岁	提出“五年计划”
1960 年	65 岁	宣布 5 年后开始实行每周工作 5 天的工作制度

续表

年	年龄	事件
1961 年	66 岁	辞任社长一职、就任会长，恢复 PHP 研究的工作
1964 年	69 岁	召开“热海会谈”，亲自指挥公司营业部的工作
1967 年	72 岁	呼吁公司通过 5 年的发展，在工资水平上实现超越欧洲
1970 年	75 岁	在日本万国博览会上展出“松下馆”
1971 年	76 岁	出任“飞鸟保存财团”首任理事长
1973 年	78 岁	辞去会长职务，就任董事会顾问
1979 年	84 岁	创办“松下政经塾”
1989 年	94 岁	4 月 27 日逝世

版 权 声 明